文學叢刊之四十六

朱徽 著

羅門詩一百首賞析

文史哲出版社印行

國立中央圖書館出版品預行編目資料

羅門詩一百首賞析 / 朱徽著. -- 初版. -- 臺北
市：文史哲，民83
　　面；　公分. -- (文學叢刊；46)
　　ISBN 957-547-834-7(平裝)

851.486　　　　　　　　　　　　　82009601

⑯　　　文學叢刊

羅門詩一百首賞析

著　者：朱　　　　徽
出版者：文史哲出版社
登記證字號：行政院新聞局局版臺業字五三三七號
發行人：彭　正　雄
發行所：文史哲出版社
印刷者：文史哲出版社
台北市羅斯福路一段七十二巷四號
郵撥○五一二八八一二彭正雄帳戶
電話：三　五　一　一　○　二　八

中華民國八十三年一月初版

實價新台幣三四○元

羅門詩一百首賞析

目　錄

七、閒情篇

八、哲思篇

前　言

羅門詩歌藝術簡論

朱　徽

　　羅門是一位銳意開拓創新、詩風多姿多彩的現代詩人，他將詩和藝術作爲自己畢生的追求。他迄今已經出版詩集十多種，還在多種報刊上發表了大量詩作。他的詩作十分豐富多釆，從贊美大自然的優美寧靜到謳歌自由、生命和愛情，從批判現代工業文明產生的種種弊端，到探索人生和宇宙的奧秘等。在這些作品中，他對現實生活的描述，及對事物中蘊含的深邃哲理所作的挖掘和闡釋，旣具有深度廣度，又常帶有不確定的多義性，所以往往使讀者感到眼花撩亂、難以索解，難怪有論者說「羅門是一個變幻莫測的謎」（謝冕語）。其實，縱觀羅門的詩作，可以看出，他的詩歌創作大體上經歷了從浪漫主義到象徵主義；以及帶有顯著的超現實精神從現代主義到後現代主義這樣的過程。當然，這只是宏觀意義上的一條軌跡，在具體的階段，各種成份也常有交叉重疊的情況。羅門不僅是一位作品豐碩的詩人，他還是一位詩論家，在他已出版的幾種詩論專著中，他對自己的詩歌創作、藝術見解和人生追求，進行了理論上的歸納和闡釋。他獨樹一幟的詩論與他的詩作互相印對、相得益彰，對我們欣賞、研究他的詩作、了解他鮮明新穎的創作特色和不斷創新的藝術追求，具有重要的意義。

＊《羅門詩一百首賞析》由大陸四川文藝出版社和臺灣文史哲出版社在海峽兩岸同時出版。

一、「第三自然」論

多年來，羅門大力鼓吹他的「第三自然」理論，並在創作中加以實踐。他將日月星辰山川原野這些原始大自然景觀歸為「第一自然」，將現代工業文明造成的人類生存空間，如都市高樓、電視之類歸為「第二自然」，而由詩人和藝術家以自己的心靈和想像力創造出一種超越前兩者的完美境界，就是羅門反復強調、孜孜以求的「第三自然」。

現代化的大都市，是「第二自然」的主要組成部份，也是羅門詩中經常描寫的題材，他寫的大量的都市詩為他贏得了「都市詩人」的桂冠。他的都市詩一方面肯定了工業文明帶來的社會進步和人們生活水平的提高（如「都市的旋律」、「咖啡廳」、「電視機」等），但另一方面，更多的作品卻是對現代化大都市的種種弊端，如拜金主義、信仰失落、思想空虛、道德淪喪等，作了嚴厲的批判（如：「都市、方形的存在」、「生存，這兩個字」、「車禍」、「都市之死」、「『世紀末』病在都市裏」等）。在「第二自然」與「第一自然」的對立和衝突中，羅門寧願回到純淨質樸的「第一自然」中去，我們可以從「出走」、「窗的世界」、「車入自然」、「溪頭遊」、「晨起」等大量詩作鮮明地感受到他的這種感情。但是，羅門畢竟是一位有明確藝術追求的詩人，他不會僅以此為滿足，「第三自然」就是他多年來苦心建構，不懈求索的完美境界，他的名篇「光住的地方」、「詩的歲月」、「與天同遊的詩人」、「完美　是一種豪華的寂寞」等就是表現這種追求的極佳例子。他的詩作內容，涉及包括繪畫、雕塑、書法、攝影、電影、音樂、舞蹈、激光藝術等在內的多種藝術門類。

從更廣泛的範圍來講，羅門畢生以一種宗教徒似的熱情和虔誠獻身於詩與藝術，這正是他反復鼓吹和強調的「第三自然」理論的最佳實證。

二、傳統與現代

縱觀羅門豐富多采的詩作，沿著不同時期的演進過程，我們大體上可以理出從浪漫主義到象徵主義與帶有超現實精神的表現，再從現代主義到後現代主義這一條總的脈絡（其間常有交叉重疊的情況）。他早期的詩作（詩集《曙光》（1958）為代表）以浪漫主義為主調，想像豐富、色彩瑰麗、情感熾烈，如「加力布露斯」、「海鎮之戀」、「三桅船之戀」、「寂寞之光」等，詩人在青年時代寫下的這些屬傳統樣式的作品中，帶有明顯的唯美主義傾向，有的還顯露出感情直白等現象。詩集《第九日的底流》（1963）是羅門詩歌創作歷程中的一個轉型期，從這以後，詩人對生活的審視與思考、在藝術上的探索與建構，都有所超越與突破，顯示出他創作的強勢時代的到來。其中的「麥堅利堡」一詩成了廣為傳誦的名篇，也為詩人贏得了巨大的聲譽。從六十年代開始，羅門的詩歌中具有鮮明的象徵主義色彩與帶有超現實精神的表現，收在詩集《死亡之塔》（1969）和《隱形的椅子》（1976）等中的許多詩篇表明了這一點，如「提琴家的琴」、「死亡之塔」、「窗」、「鞋」、「超脫」、「流浪人」等，進入中年的羅門，思想和詩藝都趨於成熟，對人生、對社會的觀察和思考都更深刻，傳統的技法已經不能夠表達他這些深刻的思想了，他善於用真實具體的物象（如上述詩中的琴弦、塔、窗戶、鞋、海岸、梯子等等）來暗示、象徵他的理想、情緒和哲思，具

有深刻廣博的涵義。這一階段以後，他運用象徵主義的技巧更趨
爛熟。羅門是一位銳意開拓創新的詩人，從不願意故步自封。自
六十年代以後，對現代主義的探索和運用就成了他詩歌創作的一
大特色，據他自述，由於現代主義具有「創新性」、「前衛性」
和「驚異性」（或稱「震憾性」），所以它對於一個詩人的創作
生命，是已重要如呼吸中的新鮮空氣（見羅門「打開我創作世界
的五扇門」）。在詩集《曠野》（1981）、《日月的行踪》（
1984）和《整個世界停止呼吸在起跑線上》（1988）等中收入
的多首詩作表明了他在這方面的追求。如「車禍」、「餐廳」、
「曠野」、「光住的地方」、「寂」、「都市與棕子」、「傘」、
「生之旅」、「完美是一種豪華的寂寞」等，在這些詩作中，除
通感、象徵外，還運用了如時空倒錯、內心獨白、悖論、復義、
陌生化、語言變異等多種現代主義常用的手法，所寫題材也更加
廣泛。他廣潤的視野、新穎的視角和深沉的思索，在富有鮮明現
代主義特色的詩歌中表現出來，使他在現代詩壇上卓然而立，獲
得了「現代詩的守護神」這一美譽。臺灣五十年代廣泛接受西方
現代主義影響的一批詩人，到了八十年代，普遍出現「回歸東方」
的趨向。羅門在繼續吸收、融匯中華民族的傳統文化的同時，又
以富有開拓精神的先鋒意識，在近年來的臺灣詩壇上審視且介入
後現代主義詩潮的發展，這是使他迥異於多數同輩詩人的一個特
徵。如詩作「古典的悲情故事」（1990）、「後現代A管道」（
1990）、「長在『後現代』背後的一顆黑痣」（1991）、「『
世紀末』病在都市裏」（1991）等就對後現代有所回應與展示，
其中有許多荒誕或朦朧的描述，往往顯得晦澀，難於索解。但如
果聯繫到當代資本主義社會否認傳統模式和道德觀念，一方面，

新事物新觀念層出不窮，令人眼花繚亂，另一方面，人們卻感到孤寂、茫然，不知何去何從，社會上由此產生出許多不符合客觀規律、不符合邏輯的東西，用荒誕或朦朧的描述，來表現這樣的時代，這樣的社會和現代人的思想是符合文藝創作規律的「眞實」的。或許，這就是羅門要在當代詩壇上揭示後現代主義詩潮的意圖吧。

應當指出，在羅門的詩歌創作中，他並不是爲了要追求現代感而割斷與傳統的聯繫。就是在他用現代主義或後現代主義手法寫成的詩作中，我們處處可以感受到傳統文化精神和道德觀念的巨大影響。而在他八十年代以來的大量詩作中，我們也不難讀到如「香江詩抄」、「給『青鳥』——蓉子」、「遙指大陸」、「詩的歲月」這類感情眞摯、語言清新明晰的作品，無論是題材內容還是形式技巧，都仍存留有傳統樣式的成份。這也從一個方面反映出羅門詩作的豐富多彩。

三、中國與世界

羅門深受西方現代派詩風的影響，但從本質上看，他從來是深深置根於燦爛悠久、博大精深的中國傳統文化精神之中。長江黃河、萬里長城、唐詩宋詞、北國江南……，這些哺育他、鼓舞他的精神源泉始終是他景仰和謳歌的對象。他在「時空奏鳴曲」、「『想園』夜話」、「長城上的移動鏡」等各篇中都以深切的感情贊美祖國文化的偉大。羅門在少年時爲避戰亂而離開家鄉（海南島文昌縣），一去竟達五十年。其間，他對故鄉的緬懷，對母親的思念，對祖國河山的憧憬，一直令他魂牽夢縈。正是出自他這種執著深沉的感情，才產生出如「遙望故鄉」、「月思」、「

海鎮之戀」、「回到原來叫一聲你」這類膾炙人口、催人淚下的懷戀故園之作。從他的這些作品中，我們還能感受到他強烈地希望早日結束兩岸對峙、骨肉分離的不正常狀態，早日實現祖國和民族的統一，使我有五千年文明史的中華民族能夠自強自立於當今之世！

　　具有鮮明愛國主義思想的羅門同時又是一位具有世界意義的著名詩人。他的腳迹遍布世界上許多地方，寫於六十年代的一組詩「夏威夷」、「紐約」和「藍色的奧克立荷馬」展現出新奇旖旎的異域風光，而「板門店、三十八度線」和「彈片·TRON的斷腿」這類詩作則是詩人因朝鮮戰爭和越南戰爭而引發對人生、對世界、對戰爭的思索和感慨。詩人在參觀位於菲律賓馬尼拉市郊的美軍陣亡將士公墓後寫下的「麥堅利堡」（1961）為他贏得了巨大的聲譽，獲國際桂冠詩人協會榮譽獎和菲律賓總統金牌獎（1966）。羅門的詩歌，被譯為英文、日文、法文和朝文，收入多種詩選詩集。羅門除經常在臺灣和香港，近年來幾次在大陸進行演講等文學活動之外，還曾幾次赴美國、菲律賓、韓國等出席詩人大會、文學討論會、參加國際作家寫作計劃（IWP）等。在世界文壇詩壇上講解自己的詩作和詩論，為讓世界了解中國新詩、宏揚中華文明作出了不懈的努力。

　　羅門既不因為執著於中華文化而在外部世界面前故步自封，又不因外部世界的五光十色而摒棄中華文明的優良傳統。他說過：「東方與西方的文化，在現代，已非孤立和相排斥的存在；而是彼此不能不相互吸收彼此的精華，去面對全然開放的無限創造的境域。」（「我的詩觀」）他取得令人矚目的成就，或許應當說，正是因為他富於開拓精神，從外部世界引進來新觀念和新技法，

才有助於他在當代中國的詩壇上獨樹一幟；也由於他的詩作富有鮮明的個人特色和傳統精神，才使得他在世界文壇上受到注意和讚揚，贏得世界性的聲譽。

四、一元與多向

羅門詩作之豐富多彩、變幻莫測，常使讀者難索其解，或使論者把握不準。用他自己的話講，因爲詩人和藝術家是在「自由遼闊的天空」而不是在「鳥籠」內工作，所以，他大力提倡詩歌創作的「多向性」（包括題材、時空觀念、表現技巧等諸方面）（見羅門「我的詩觀」）。將他的這一理論用他自己創作的大量詩作來檢驗，我們可以看到，他在長達數十年的詩歌創作中，對「多向性」進行了辛勤的實踐和認眞的探索。如上所述，他的詩歌創作經歷過從浪漫主義到象徵主義、再從現代主義到後現代主義這一個總的歷程，其間又有交叉重疊的情況。從詩作的思想內容來看，大致可以分爲表現都市、戰爭、鄉愁、愛情、藝術、世相百態、閒情逸緻、哲思、異域風情等若干類（本書就是按這樣的分類編排的）。以「都市」詩爲例，其中有對現代物質文明的讚嘆，更多的是對由此帶來的弊病所作的嚴厲批判；以「藝術」詩爲例，就涉及音樂、繪畫、舞蹈、雕塑、激光藝術等多種門類及若干著名藝術家。僅就他作品中出現的詩人而言，既有中國的李白、王維、陶淵明，也有美國的佛羅斯特、法國的馬拉美和英國的朗寧等。從詩的表現技巧看，既有傳統的比、興、用典等手法，更多的卻是象徵、超現實、通感、陌生化、復義、悖論這些現代派常用的手法。在語言上，既有比較規範、明晰易懂的句子（如「蜜月旅行」、「香江詩抄」、「月思」等中的詩行），也

有許多充滿著語言變異（deviation），需要反復咀嚼，甚至晦澀難懂的句子（如「生之前窗通向死之後窗」、「『世紀末』病在都市裏」等中的詩句）。若從時間空間上看，羅門詩作更是無羈無絆、縱橫自由。從一杯茶（「茶意」）到浩瀚宇宙（「哥倫比亞太空船登月記」），從礦山隧洞（「礦工——光的牧者」）到茫茫雲海（「飛在雲上三萬呎的高空」），從古羅馬的王冠到摩天大樓的尖頂，從嫦娥奔月到宇宙飛船（「古典的悲情故事」）等。上面這個非常簡略的綜述已足以使我們看到羅門在實踐他所鼓吹的詩歌創作「多向性」中，付出了多麼巨大的努力，取得了多麼突出的成就。

　　當然，「多向」不等於紛繁龐雜、無章可循。我們只要沿著羅門的思想和創作發展的軌迹，對他的詩作進行全面而深入的分析和審視，就不難看出，他常令讀者有目迷五色、應接不暇之嘆的這種「多向性」猶如變幻莫測的衍射光線，儘管色彩紛呈而又不斷變化，但終究是產生於一個固定的光源。這個「光源」，在羅門的創作生涯中，就是他反復強調的「心靈世界」。在他的心靈世界中，是對人類文明所蘊含的精神價值的刻意追求，以及對不斷淨化人類的精神空間而抱有的強烈歷史責任感。無論遭遇到什麼樣的困難與挫折，他都不曾退卻或動搖，一如既往，不改初衷，堅守著這個具有演化力與涵蓋力的「一元」信念去進行創新與開拓，去實踐他的「多向性」主張。羅門在他的論文集《心靈訪問記》（1969）中詳細闡釋了詩人和藝術家的心靈世界與人類文明之間的關係。他認為：只有美的心靈才能夠賦於藝術和詩以生機和生命；開放的心靈是進行藝術創作的先決的、必要的條件；詩人是依靠心靈的運作，才能夠對社會生活和人的精神世界

進行深入的探討與思索。按他的說法，外在的有限現象，通過「心靈世界」的觀察、體驗、感受、轉化與昇華等運作過程，就會變成內在的無限心象。羅門那堅守「一元」信念的心靈世界正是他產生出豐富多彩、極富「多向性」特徵的大量詩作的源泉，猶如發射出五光十色、不斷變幻的衍射光線的那個固定的光源。

羅門的詩的天空是浩瀚無垠的。這本《羅門詩一百首賞析》作為介紹、探討羅門的詩藝的一次嘗試，只能是一次沒有終點的旅行。選論者努力將羅門詩作的精華部分收入這個選集，並在每一首詩的後面附上一篇簡析，內容包括選論者對這首詩的思想內容、藝術形式、技巧和語言等作的分析和評論，以及介紹寫作的背景等。選論者試圖在這篇「前言」中從宏觀上，在每首詩後面的「簡析」中從微觀上去探索羅門詩歌藝術的奧秘。如果選論者的這番努力能夠為幫助讀者更好地理解和欣賞羅門的詩歌提供一些啟發和觀點，能夠為增進海峽兩岸詩壇的相互了解而作出一些貢獻，那麼，選論者將會因此而感受到極大的欣慰。

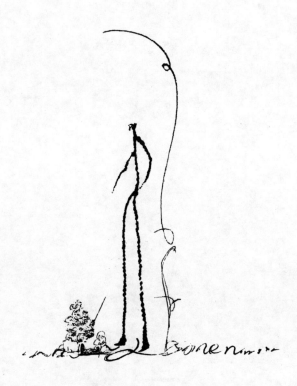

1.鄉愁篇

海鎮之戀

啊！那海鎮
如南方巨人藍色闊邊帽上一粒明亮的寶石，
我小時的指尖曾捕捉它的光輝。

長年它坐在藍色的蔭影裏寧靜似夢，
日間看風帆的羽筆，寫閃耀的詩行
　　　　　　　　　在海無邊的稿紙上，
夜間聽月光譜曲在和諧的潮聲裏，
漁夫破曉踏它潮濕的碼頭出海，
傍晚收網又走過它淋着夕陽的街上，
那海鎮有大魚大蝦，和平與恩愛，
有父親的拖輪，船塢與貨棧，
有許許多多歡笑湧過來似浪，
有我童時被戰爭割斷了的幸福之泉，
如今已無法流回它那裏！

　　　　　　　　　　　　──一九五五

【賞析】　　羅門於一九二八年出生於廣東省海南島文昌縣，父親
是當地的一個富商，擁有拖輪和大木船，往來於南洋一帶。詩人
在海濱小鎮上渡過他的童年時代，海上的風帆、月光下的潮水、
辛勤勞作的漁夫，都給他留下了十分難忘的美好印象。抗日戰爭
爆發，和平寧靜的海鎮那如詩如畫般的環境一下子被摧毀殆盡，
詩人從此告別海鎮，浪迹天涯，數十年中，對故鄉海鎮的懷念之

情始終縈繞於懷、令人傷感。此詩屬詩人早期作品，富有濃郁的浪漫主義抒情色彩，如將風帆比成在大海這無邊的稿紙上寫詩的羽筆，寫月光在和諧的潮水聲中譜曲，將海南島比喻成祖國南方巨人的一頂藍色潤邊帽，海鎮自然就成了這帽上的一粒寶石等，都是這方面的典型例子，詩中有些地方，如「淋著夕陽的街」，顯示著詩人在語言上試圖突破傳統的束縛，也為他日後大行其道的現代主義詩風，露出端倪。

月　思

深夜
月亮把一塊光
縫貼在地毯上
母親仍為我過年的新衣
　在老家的燈下
　趕縫着最後一個口袋

我走近窗前
身上那個口袋
竟就是那塊月光
手摸袋裏的壓歲錢
才發覺那枚發亮的銀圓
　　　是千里外的月
母親　我如何去拿呢
你的手在那麼多舉起的槍枝中
　　　　又永遠的縮了回去
你走後　誰也沒有告訴我
你的臉與你給我壓歲的銀圓
　　　仍一直寄存在月裏

　　　　　　一九八一

【賞析】　羅門深受西方現代派詩風的影響，但從實質上看，他

仍深深置根於博大精深的中國傳統文化之中。在這首短詩中，他把李白「靜夜思」（床前明月光，疑是地上霜，舉頭望明月，低頭思故鄉）和孟郊「遊子吟」（慈母手中線，遊子身上衣，臨行密密縫，意恐遲遲歸。誰言寸草心，報得三春暉）中所蘊含的對故鄉、對母親無限懷念的深情和古代大師的藝術構思都非常貼切地融入了自己的作品，絲毫不露雕琢或鑲嵌的痕迹。詩人在故鄉有過幸福的童年，母親爲他趕縫過年的新衣，給他銀圓作壓歲錢，這些都給他留下了永生不忘的深刻印象。詩人在抗日戰爭的槍炮聲中告別了故鄉和母親，漂泊四方，「那麼多舉起的槍枝」給他留下慘痛的記憶。到年過半百時，深夜裏面對一輪皓月，母親的面龐、作壓歲錢的銀圓跟眼前的這輪圓月，在詩人的心目中已交融在一起，使人難分彼此。「對月懷人」是個古老的題材，但從這首詩中，我們卻能得到一種全新的感受。

回到原來叫一聲您

母親
您快過八十歲了
較八十個世紀還漠遠
能在彈藥庫還有
　　足夠存量前
思念比子彈快一步
　　　　到您身邊
　　　　　見到你

主　阿門
那是戰爭與和平
　　最美的一段樂章
母親
為何正當您將一支支
　　　　削好的甘蔗
　　　甜入我的童年
一支支槍支卻不停張口說
　　　　　歲月是苦的

即使一支支火箭
此刻從地球任何一個方向
　　　　　射出去

　　天衣是有縫了
　　而我仍忘不了您一針針
　　　　縫着我入冬的寒衣

　　無論一個個炸彈
　　　　往那裏炸開
　　我仍記得您從雞房裏
　　　　取出一個個白白的雞蛋
　　　　　　打在我早晨的碗裏

　　母親　　您的雙手伸過來　　好暖
　　　　槍炮的雙手伸過來　　好冷
　　我已聽出　　您五十年前對我說的
　　　　與槍炮後來一再對我說的
　　　　　　　　好不一樣
　　　　即使整個世界在戰火中
　　　　　　一直走不出去
　　　　歲月失去記憶
　　　　我也會回到原來
　　　　　　叫您一聲
　　　　　　　母親

【賞析】　　羅門有過甜蜜的童年生活，母親的愛給他留下了終生
難忘的記憶，母親曾給他削甘蔗、縫寒衣、打雞蛋，這些看似細

瑣的小事，蘊含著多麼深厚博大的母愛！詩人以精巧的構思，將
「一支支甘蔗」與「一支支槍支」、甜蜜的童年與苦難的歲月、
「一個個雞蛋」與「一個個炸彈」、母親溫暖的雙手與槍炮冰冷
的雙手這類完全矛盾對立的意象并置起來，產生出強烈的藝術張
力。「新批評」派理論家艾倫、泰特將「張力」強調到如此程度：
「詩的意義，全在於詩的張力」，文藝理論家杜威指出：「詩歌
如果沒有內在的張力，將流於平鋪直述、一覽無遺。」羅門的這
首詩，可視作是印證「張力」理論的典型例子之一。詩人對母親
一往情深、終生不忘，詩人本名是韓仁存，後來改成羅門，據詩
人自述，那是因爲他的母親姓羅，而「門」字，則是取自美國著
名詩人的一句名言：「詩是一扇門，一開一闔，讓人想像那片刻
間所見是什麼。」由此我們可知，詩人的全副心身，皆由他對母
親的深情加上他對詩歌的執著而構成。所以，儘管母親早已在數
十年前的戰亂之中辭世，詩人自己也已經歷了大半生的艱辛與漂
泊，但是，在詩人心中，母親仍然活著，「快過八十歲了」，無
論這世界發生了什麼樣的變化，詩人更是渴望回到過去，回到故
鄉，回到母親身邊，叫她一聲「母親」。這首詩風格質樸、語言
明晰，卻蘊含非常深厚的眞摯感情。

遙望故鄉

炮聲吵了一陣過後
　　　　　又睡去
海卻一直睡不着
一個浪對一個浪說過來
一個浪對一個浪說過去
說了三十年只說一個字
　　　　　　家
　　　雲在聽
　　　風在聽
　　　海自己也在聽

我們來不及的
　　駛着雙目的兩輪車
　　　從望遠鏡的甬道裏
　　　　　　急急回去
要不是遠方迷矇了
　　便是眼睛濕了
從聲聲感嘆中回來
山與水哭着在後面跟
已看不清那是海
還是母親端來一盆
　　漾漾的洗澡水

用手抹去臉上的水珠
　卻抹來滿掌的皺紋
　滿掌冷冷的鐵絲網

　　　　　　一九七五

【賞析】　大陸和臺灣曾長期處於隔阻和對峙狀態，詩人思念故鄉，卻不能回到故鄉。一九七五年，他隨臺港作家團訪問金門，在馬山的前沿陣地，用望遠鏡遙望僅兩千多公尺之外的祖國大陸，感嘆萬端：這樣的距離，按一般車船速度，只需幾十分鐘便可到達，但三十多年了，人們卻不能夠從臺灣返回大陸，耳畔的波浪只訴說一個「家」字，詩人不禁熱淚盈眶，待他抹去臉上的淚珠，「卻抹來滿掌的皺紋／滿掌冷冷的鐵絲網」，這足以令讀者觸目驚心的末尾兩行，以深沉的唱嘆和典型的詩語言傳達出「在對峙狀態下直等到年老」這樣的意思，而產生的效果卻強烈得多。此外，詩人將臺灣海峽比喻成「母親端來一盆／漾漾的洗澡水」，將「遙望大陸」說成是「駛着雙目的兩輪車……急急回去」等，都頗為新穎生動，耐人尋味。

遙指大陸

他指的
是炮彈走過的路
血淚走過的路
他指的
是千里的遙望
　孫子看不懂的鄉愁
順着他指的方向
直對着他看的
是他三十多年前的自己
　青山般的站在那裏

淚滿了雙目
海哭成三个
家遠出望外
而孫子卻説
那地方好近
把岸拉過來
一腳踩上去
不就是老家嗎

一九八三

【賞析】　在一位攝影家的作品中，有一位祖父帶著孫子在海邊，

以手遙指大陸的鏡頭，羅門欣賞這幅攝影作品，有感而作此詩。海峽兩岸曾經長期處於嚴重對峙的狀態，三十多年的道路是炮彈和血淚走過的道路，遙望千里，有家難歸，這在老一輩人心中，凝聚成沉重的鄉愁，李白詩云：「天長路遠魂飛苦，夢魂不到關山難。長相思、催心肝。」（長相思）在臺老人那沉重的鄉愁，就是這種摧心斷腸的長年相思。而在和平環境中長大的小孫子不懂得老人的這種感情，不知道「鄉愁」為何物，他那種天真幼稚的想法反襯出老人鄉愁之深沉，得不到理解，這也是詩中的動人之筆。

茶　意

「茶！你靠鄉愁最近」

下午太陽無力地
　　斜靠着天
疲累的頭一個個
　　垂倒在椅背上
夕陽與目光一同沉向
　　微暗的水平線
整個視野靜入那杯茶中
　　　　歲月睡在裏邊
　　　　血淚睡在裏邊
　　　　心也睡在裏邊
煙從嘴裏抽出一把劍
　　　無意中刺傷了遠方
　　　　　　一聲驚叫
沉在杯底的茶葉全都醒成彈片
如果那是片片花開　春該回
　　　　　　家園也該在
而沉不下去的那一葉
　　　竟是滴血的秋海棠
在夢裏也要帶着河回去

　　　　　　　　一九七五

【賞析】　此詩寫一群退伍老兵無所事事，每天下午到茶館裏喝茶、抽煙、打瞌睡。以「無力的太陽」引出一個個「疲累的頭」、讓「下沉的夕陽」跟「下垂的目光」并置，詩的開頭幾行就顯示出詩人精巧的構思，而「整個視野靜入那杯茶中」一句則象徵著這些老兵在經歷了一生的辛勞與奔波之後，都進入了晚年的寂寞與苦澀，歲月、心血和心都沉睡在茶杯裏邊，正是這一景況的詩意寫照。抽煙時噴出的煙霧引起老兵對昔日的回憶，「醒成彈片」與「片片花開」這兩個對照鮮明，極富「張力」的意象，是沉在杯底的茶葉在老兵眼前幻化而成，詩人用非常凝練而生動的筆法表現出這群老兵對經歷過的艱辛回眸驚心、對夢裏家園的無限懷念。結尾之行，詩人將始終沉不下去的那一片茶葉比喻成「滴血的秋海棠」，象徵著退伍老兵的強烈思鄉之情永遠也不會減褪消亡。

賣花盆的老人

每天
他推着一車歲月
　擺在巷口賣

坐在盆外
他也是一只空了卅多年的
　　　　　　　　老花盆
直望着家鄉的花與土

天堂鳥開在樓頂
雲開在天邊
雙目開在遙望裏

一陣警哨過來
他推着越來越沉重的車輪離去
有人看見他在輕快的口哨聲中
　　　　　滾着鐵環

一九八一

【賞析】　此詩描寫一位退伍老兵的思鄉之情，昔日的他，滿含著鄉親父老的囑托與期望，在家鄉山水的哺育下成長，那時，他朝氣蓬勃、健康開朗，猶如沃土上盛開的鮮花，然而，經過幾十

年的風雨漂泊，他年老體衰、孤寂無依，故鄉的親情與山水，只存在於他無盡的遙望裏，只能靠出售空花盆爲生，還時時要提防警察的驅趕。難怪詩人要認爲，這位老兵不是在出售花盆，而是在出售他的歲月（在這裏，抽象的「歲月」被詩人賦予了可感知的質感），而一旦失去了故鄉的關懷與哺育，青春永逝，這位老兵本人也就成了一個「空了三十多年的老花盆」，期盼著「家鄉的花與土」。最末兩行，詩人巧妙地借助「滾動的輪子」這個意象，將眼前這位躲避警察驅趕的佝僂老人滾著歲月沉重的輪子與當年那位充滿青春朝氣的少年吹著口哨滾著鐵環輕快的輪子，聯想在一起（「滾動的輪子」還象徵時光流逝、歷史變遷等），形成了鮮明強烈的對照，這樣的構思不僅能使讀者感動，還能夠啓發他們深思。在語言方面，第三節中一連用的三個「開」字，在寫景使情方面都頗新穎，有簡潔生動之效。

穿過上帝瞳孔的一條線

——「時空奏鳴曲」（遙望廣九鐵路）第三章

這條線
從板門店
繞東西德走廊
來到這裏
較雲去的地方遠
卻比腳與泥土近

只要眼睛
碰它一下
天空都要回家
這條線望入水平線時
連上帝也想家

是誰丟這條線
　　　　在地上
沿着它
母親　你握縫衣針的手呢
還有我斷落在風箏裏的童年

母親　如果這條線
已縫好土地的傷口

我早坐上剛開出的那班車
　沿着你額上痛苦的紋路
　　回到沒有槍聲的日子
　　　　　　去看你

如果這條線
　是一筆描
動便長江萬里
靜便萬里長城
那些凍結在記憶與冰箱裏的
　　　　　　冰山冰水
都流回大山大水
把鐵絲網與彈片全冲掉
祖國　你便泳着江南的陽光來
　　　　滑着北地的雪原去
然後　打開綠野的大茶桌
　　　捧着藍天的大瓷壺
　　　不在那小小的茶藝館裏
從「黃河入海流」
飲到「孤帆遠影碧空盡」
從「月湧大江流」
飲到「野渡無人舟自橫」
讓從巴黎倫敦與紐約
　　　進來的照相機

都裝滿第一流的山水與文化回去
讓唐朝再回來說
那是開得最久最美的
　　　　一朵東方

祖國　當六天勞累的都市
　　　　已想到周日郊外的風景
鳥便在天空裏對飛機說
巍然的帝國大廈
　永遠高不過你
　　悠然的南山
任使一張張太空椅
　　　　往太空裏放
祖國　你仍是放在地球上
　　　　最大的那張安樂椅
只要歲月坐進來
打開唐詩宋詞
沒有槍聲來吵
世界便遠到
　山色有無中
太空船真不知要開多久
　　　　才能到了
到不了
只好往心裏望

　多望幾眼
　怎麼又望回這條線上來
　原來是開入邊境的火車
　又把一車箱一車箱的鄉愁
　　　　　　　運回來

　車走後
　連土地都忘了
　在那裏上下車
　整條鐵軌
　鞭過天空
　聲聲回響
　　陣陣痛

　　　　　　一九八四

【賞析】　「時空奏鳴曲」是詩人遙望連接祖國大陸的廣州和香港九龍的廣九鐵路有感而發，寫下的一首氣勢宏大的力作，限於篇幅，這裏選錄作為全詩主要部份的第三章。一九八四年，羅門應香港大學黃德偉教授之邀，赴港大演講，曾同詩人余光中在香港中文大學的宿舍高處，遙望廣九鐵路，感慨頗多。全詩由「一條線」這個主意象串連起來，由鐵路聯想到母親手中的縫衣線、童年時的風箏線，縫合傷口（心靈上的創傷）的線，以及描繪祖國大好河山的畫線，詩人以現代派詩風的構思，突破時空界限，任他那熱愛中華文明、渴望祖國統一的赤子之情和豐富奇特的藝

術想像奔放升騰、縱橫馳騁，由眼前這條鐵路，想到長江黃河、萬里長城，想到江南陽光、北國雪原、唐詩宋詞……，又由華夏文化想到西方世界、茫茫太空，詩人以他的一腔熱血發出呼喊：打破冰封，實現中華民族的統一，使我有五千年燦爛文化的中華民族能自強於世界民族之林！然而，在現實生活中，這樣的理想還未能實現，詩中展現的美好情景還只能暫存於詩人的心靈之中，所以，在廣九鐵路上去而復返的火車，「又把一車箱一車箱的鄉愁運回來」（在詩人筆下，抽象的「鄉愁」具有了具體的可感知的性質），而當運載「鄉愁」的火車都消逝在遠方時，整條鐵路會飛離大地，鞭過蒼穹，在人們心靈的空間裏擊出聲聲回響，在他們的心靈上產生陣陣劇痛！詩結尾這短短的幾行，仿佛使我們聽到了詩人悲傷憤懣的吶喊。

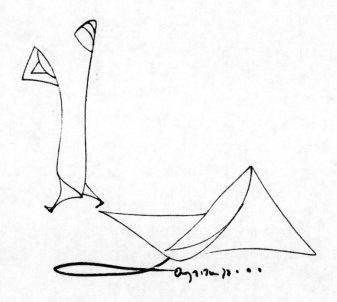

2.愛情篇

寂寞之光

從飄雪的人海歸航，我的三桅船冷濕了，
燒音樂的電爐，我煮飲濃香的咖啡於心靈之廳，
過來同飲吧！我的鄰居好友──寂寞，
那金色的和暖的時辰又已升上，
在你平靜的牧場，我的思想常如走動的羊群；
此刻我焚無數火焰樹在彩窗前迎你，
獨為你放下那道防止行人通過的吊橋，
在無光的冬夜，我這裏通明溫馨刻刻等你，
我已熟悉你來時踏響我心的樓梯之音，
如那造訪的馬車的蹄聲，擊亮我深居的幽暗庭園，
而我將燃亮腦海中所有的燈塔，
當你駕着靈感的巨輪經過。

一九五五

【賞析】　這首詩是詩人在青年時代對戀人的愛情熱切盼望的心
靈寫照。詩人將冷漠而競爭激烈的現實社會比喻成「飄雪的人海」，
沒有戀人相伴的時刻是「無光的冬夜」，他自己則成了從人海中
返航的「三桅船」，又冷又濕、孤獨寂寞，這些都是非常新穎生
動的比喻，對照詩的結尾處，他要「燃亮腦海中所有的燈塔」，
引導著戀人那「靈感的巨輪經過」，實在是一對用新穎比喻構成
的精彩的對照：「人海」與「腦海」，前者喻現實的社會生活，
後者喻渴望愛情的高尚而純清的精神境界；與「冷濕的三桅船」

相對，「靈感的巨輪」則表示有戀人的愛情作精神支柱，生活和事業都有了動力，有了保障，前程是遠大而光明的。然而此刻，處於現實與理想之間的詩人，都正在經歷著寂寞與思念的折磨，在這「冷濕」的「無光的冬夜」，他要「焚無數的火焰樹」，「燃亮所有的燈塔」，要「通明溫馨」地去實現那「金色的和暖的時辰」，去迎接愛人的到來，從這些充滿激情的詩行，讀者仿佛可以感受到詩人渴望愛情、追求美好生活的熾烈心情。詩人在寫此詩的二十四年之後，寫過一首長詩《燈屋的世界》，本書收入其中第三章「光的結局」，如果把這兩首詩對照著來吟咏欣賞，相信對這兩首詩都會有更深的理解，對詩人二十多年間在感情世界所走過的歷程，亦會有相當真切的感受。

或者尚可深一層聯想，詩中暗示的愛戀對象，就是詩人心靈深處所熱愛與時刻在現實人生中所企望的「詩」。

海　望

——「三重奏」第二章

將沙灘上的腳印
　　　望成飛雁
潮來潮去
雙目遂悵然成兩只浮標
　　　　　隨海去

像海那樣望着自己
等於張目看自己睡去
遙望與寂靜的長相只能聽見
沿聲而去　一路是可看見的音樂
過了水平線　水非水　天非天
只有望出眼睛的那種眺望
　　能說出那條船是如何棄海而去的

那藍藍的火
已分不出是在海上在眼裏
燃燒之後　總是滿目的楓林
總是飄響在你唇間
　　那拾不完的紅紅的楓葉
將一把對着落陽撒過去
　　　那座壁爐便亮起滿天紅雲

在夜來之前

一九七○

【賞析】　這首小詩寫對遠去戀人的思念。第一節中，由沙灘上的腳印、聯想到一行行飛雁，而由飛雁傳遞戀人的信息，已是人所熟知的比喻，爲千百年來的詩人所常用，而將凝望的雙目比成「隨海而去的兩只浮標」則可能是詩人首創了。詩人運用「通感」的技巧是相當嫻熟的，在這首詩中，「遙望與寂靜的長相只能聽見／沿聲而去　一路是可看見的音樂」，「燃燒之後　總是滿目的楓葉／總是飄響在你的唇間」就是佳例。藍藍的海水，在企盼者的眼中，已經燃燒成了「藍藍的火」，這樣的意象會給讀者留下多麼新鮮而深刻的印象！在大海邊看夕陽晚霞，是輝煌壯麗的景象，詩人用「撒向落日的紅楓葉」和「壁爐亮起滿天紅雲」來呈現出這樣的景象。不過，這樣的描述還另有深意，那就是在企盼者心中，他與苦苦思念的戀人一旦相聚，愛情的火焰燃燒起來，長期的盼望有了回報，那時的場景該是多麼絢麗，那時的心情該是多麼歡欣！

曙　光

——給蓉子

劃黑白線在時間跑道上的白衣女，
牽着歲月的白馬遠行，你容態端莊嫻靜，
閃動的白衣裙遙在天邊不可攀。

注視維納斯石膏像的臉，
我刻畫你的形象，
傾聽蕭邦的鋼琴詩我跟蹤你的步音，
天上亮着星月，地上明着燈火，
遍找不見你的踪影。
在夢裏，一支金箭射開黎明的院門，
你倚在天庭的白榕樹下，
我雙手撩開你夜一般低垂的黑髮，
盯住你美目流着的七色河上，
太陽正搭着黃金的橋通入白晝的宮殿，
你把華美的世界裝入藍玉與翡翠的圓盒，
我在年華中便永遠凝望着一幅不朽的畫，
　　　　　默唱着一支聖潔的歌，
　　　　　細讀着一首絢麗的詩。

　　　　　　　　一九五六

【賞析】　羅門在新婚燕爾期間寫下的這首詩，以豐富的想像，

靠絢麗的色彩和美妙的樂音在讀者面前展現出一幅奇異聖潔的天庭美景，以濃厚的浪漫主義抒情色彩，表達對新婚伴侶蓉子的愛戀與贊美。標題「曙光」蘊含著詩人的深意，一方面，「太陽正搭著黃金的橋通入白晝的宮殿」，一旦詩人在天庭與他的愛人相聚，黑夜便會消逝，曙光就要來臨，這是對這首詩本身的總結。另一方面，據詩人自陳，儘管他在少年時就已潛伏著對詩與藝術的喜愛與嚮往，但只有在認識早已聞名詩壇的蓉子（1954年）以後，在她的詩情與愛情的雙重激勵下，才開始用心地寫起詩來。1955年跟蓉子結婚以後，由於蓉子的溫情以及彼此在精神上的互勉，詩人才以一種壓抑不住的狂熱與激情，從此踏上詩創作的里程。（見陳慧華：羅門訪問專輯）由此可見，蓉子的詩情與愛情，對羅門在藝術上取得成就，具有多麼重大的意義！完全可以說是標誌著他告別摸索期、開創新里程的一種精神「曙光」，這種意義上的「曙光」已經超越了這首詩本身，具有更崇高更廣博的象徵意義。即使只將這首詩「曙光」用以象徵蓉子，也是流露著至為純摯與高雅的讚美。

蜜月旅行

——給蓉子

美的情意，麗的旅程
三輪車四輪車如鳥飛在蜜月的花林中………

我眼睛是靜靜的潭水，
沿途攝下愛人笑中的容顏，
我手臂是宮庭的圓柱，
愛人繞着它晝夜圓舞，
愛人的小嘴是紛紅色的小郵票，
我的心是密封着的快活的情書。

大霧裏，我呼舵手將汽艇急馳，
讓愛人倒入我懷中閉眼，
默數愛情在幸福中航行的速度，
谷風吹開愛人的圓裙如百合花歡放，
我蹲下意欲托住，卻怕日月潭水低低竊笑。

疲憊熟睡在蜜月的搖籃裏，
愛情散香在回憶的花園中。

一九五五

【賞析】　羅門於一九五五年四月與女詩人蓉子結婚，他們的結

合，對羅門在以後數十年間的創作歷程，具有非常重要的意義。
這首詩記述這對新婚夫妻在臺灣日月潭作蜜月旅行時的情景和感
受，具有鮮明的浪漫主義抒情色彩，在風格上迹近雪萊、華茲華
斯等浪漫派大師，如將車輛比成在蜜月花林中的飛鳥，將手臂比
成宮庭的圓柱，將愛人的圓裙被風吹開比喻成怒放的百合花等，
都不難在前輩大師的作品中找到類似的例子。至於「愛人的小嘴
是粉紅色的小郵票，我的心是密封著的快活的情書」，及「卻怕
日月潭水低低竊笑」等句，則顯出幾分稚嫩、幾分模仿的痕迹，
但是表現一個沉醉在蜜月的甜美中的青年人的心情，是貼切生動
的。最末兩行「疲憊熟睡在蜜月的搖籃裏，愛情散香在回憶的花
園中。」是對仗工穩、韻律優美的佳構，說明詩人即使在青年時
代，在熱情奔放的同時，也有冷靜思考、精雕細刻的一面。此詩
屬詩人早期作品，跟他後來在現代派詩風的影響下創作的作品迥
異其趣。細心的讀者不難發現，在眾多的差異中，有一點是標點
符號，在早期作品中，羅門基本上是沿著傳統的路子寫詩，這中
間就包括運用傳統的比喻、象徵、典故等，及比較規範的語言（
而其中一個組成部份就是功能明確的各種標點符號），此詩就是
一個典型例證。而他後來的詩作，幾乎根本不使用任何標點符號，
因為標點符號那些分工明確的各種功能跟現代派的藝術主張（如
突破時空界限、意識流、內心獨白、讓讀者參與創作等），可以
說是格格不入，甚至背道而馳的。

假　期

——同蓉子旅遊南臺灣

被風捏住的那輛特快車
　　　　　刀般
將大地像一只水蜜桃破開
　淌甜美的汁在風景裏

開麥拉的彩色軟片
　是一條被陽光引向南方的花園路
眼睛走深了
　雲朵與楓林也被看成
　　　白紗與紅毯來啦
數百里長的那條錄音帶
　繞着車輪轉　繞着旋轉的風景轉
海天的藍色的語言
山林的綠色的迴音
還有妻子的笑　將整張臉
　　　笑成豐年裏的田園
還有鳥與遠方
在車窗外説出旅行的樣子

【賞析】　詩人新婚及跟愛妻蓉子一起在臺灣南部旅遊，照相機
（即開麥拉，英文camera）和火車輪下的鐵軌跑成錄音帶伴隨

他倆在這甜美的旅程上行進，結婚的儀式是如此令人難忘，以至踏上了觀光的旅途後，在這對新人眼中，朵朵白雲變成了新娘披的婚紗，漫山的紅葉變成了婚禮上的紅地毯，大地像被破開的水蜜桃，為他們奉獻出甜美的果汁。詩人在這首詩中，嫻熟地運用了「通感」（Synaethesia）這一藝術技巧，即，通過藝術的聯想和想像，使人的感覺（如視覺、聽覺、味覺、膚覺和嗅覺等，互相聯繫、互相溝通，產生出新穎奇特的藝術效果，如「海天藍色的語言」和「山林綠色的迴音」都是視覺與聽覺相通，「淌甜美的汁在風景裏」是味覺與視覺相通，此外，「雲朵與白紗」、「楓林與紅毯」、「旋轉的車輪」與「旋轉的風景」等都是真實的視覺意象與虛幻的意覺相通，此外，將「特快車行駛在大地上」比喻成「快刀破開一只水蜜桃」，也頗為新穎生動。總之，這首清新明晰的小詩能讓讀者在得到一種新鮮的藝術美感的同時，分享著詩人夫婦在新婚及蜜月旅行中那種甜美歡愉的感情。

光的結局

——「燈屋的世界」第三章

光降着雪
你站在雪峰上
不動　眸子是冬
一動　雙目來不及説明自己是江河
　　　　　還是大地伸出的雙手
　　　　　山水已奔着過來
　　　　　捧來滿野的花

光開着花
你躺在花園裏
色彩可聽見
芬芳也有聲
偶爾聽得出神
　　會覺得那是一片無際的原野
　　　　　　　　　　在雨中

光下着雨
你淋在柔美的濕潤中
一聞到花汁與果液的香味
夜便溶為酒
露便結成黎明
窗開時　屋內屋外都在看

　　太陽鋪一條路到遠方去
　　　把世界接了過來

　　　　　　　　　　一九七九

【賞析】　詩人夫婦在臺北的住宅飾有許多藝術燈具，取名爲「燈屋」——光住的地方，他們稱這溫馨的「燈屋」是「詩與藝術的美感生活空間」。羅門寫有不少的詩，來描述燈屋，來贊美光，「燈屋的世界」是其中的一首長詩，這裏選取的是第三章，詩人借對自然景色淋漓酣暢的描述，熱情洋溢地贊美與自己共同生活在燈屋中的愛人，他運用了藝術的想像（山水已奔着過來／捧來滿野的花；夜便溶爲酒／露便結成黎明；太陽鋪一條路到遠方去／把世界接了過來⋯⋯）和「通感」技巧（色彩可聽見／芬芳也有聲；你淋在柔美的濕潤中，等手段，將燈屋描述繪成一個溢彩流光、華美溫馨的小天地，而只是因爲愛人與自己共同生活在這裏，這富有藝術美的小天地才充滿了勃勃生機。這首詩看似酣暢淋漓，實則結構嚴謹，第一節結尾是「捧來滿野的花」，第二節開始就是「光開著花」，第二節結尾是「那一片無際的原野在雨中」，第三節開始就是「光下著雨」，這是對傳統的「頂眞」手法的一種嘗試，顯得新穎別緻，衆多的各類意象就這樣仿佛在不經意間被緊緊地聯繫起來了。

鳳凰鳥

——送蓉子代表女作家訪韓

那是放鴿子與噴泉開放的日子
當花環環住我心中的夏威夷島
一隻鳳凰鳥
　　　便也在此刻輝煌滿了我的雙目

愛妻　QUEEN是印在紙牌上的
你是我眼中的鳳凰鳥
還沒有飛到目之頂點
太陽便提前用光猛擊你的前額
讓你的彩翅去華麗北國的天空

童時　教堂的鐘聲與風琴
　說給你聽的一切仍在
戴面紗的日子　「青鳥」飛向「七月的南方」
　白朗寧夫婦也從百年前的英格蘭趕來
歲月在鐘面上划着玲瓏的雙槳
我的眼睛便永遠工作在你的眼睛裏
　　為完成那種沒有距離的凝望

　　　　　　　　　　一九六五

【賞析】　1965年5月，蓉子作爲臺灣女作家三人代表團成員應

邀訪問韓國（蓉子代表詩人，謝冰瑩代表小說家、潘琦君代表散文家），羅門為愛妻送行，寫下這首短詩。蓉子以她在詩壇上取得的卓越成就而獲此殊榮，難怪詩人要將她比作「我眼中的鳳凰鳥」，與之相比，連「皇后」（QUEEN）也黯然失色了，「鴿子、噴泉、花環」，這些都在傳達詩人欣喜的心情。在這短暫離別之際，詩人情不自禁地想到他們從相戀到結合，共同渡過的歲月，巧妙地將蓉子兩部詩集的標題《青鳥》和《七月的南方》嵌入了自己的詩行，羅門和蓉子被有些詩評家譽為「中國的白朗寧夫婦」，所以，他們自然跟名震詩壇的那一對英國夫婦神交已久了。婚後的十年恩愛，都凝聚在「歲月在鐘面上划著玲瓏的雙槳」上，而「輝煌滿了我的雙目」和「去華麗北國的天空」都是精彩的語言「變異」（deviation）的佳例，將形容詞用成了動詞，非常形象生動地表達出詩人對愛妻將自己美妙的詩藝帶去異域，走向世界的歡欣心情。最末兩行，「我的眼睛便永遠工作在你的眼睛裏／為完成那種沒有距離的凝望」沉著平靜的語言裏蘊含著深沉摯著的情意，與前面熱烈的場景（放鴿子、噴泉開放、太陽用光猛擊鳳凰鳥的前額等）恰成鮮明對照，但是，唯有這樣的描寫，才更能感動讀者，更富有詩的韻味。如是一味的熱烈、一味的聲色俱全，則自身難以維持，也易於使讀者感到乏味，以那樣的手法寫成的詩，恐怕很難成為好詩。

歲月的兩種樣子

一

天空來到你的額
群山來到你的眉
樹林來到你的髮
江河來到你的手腳
海來到你的眼睛
大地來到你的身體
日月來到你的心

你醒　　日出
你睡　　月出

在歡躍中　你是春
在狂熱中　你是夏
在深沉中　你是秋
在冷靜中　你是冬
在四季中　你是花

二

高樓來到你的額
招牌來到你的眉
電線來到你的髮

　　街道來到你的手腳
　　櫥窗來到你的眼睛
　　床來到你的身體
　　她來到你的心

　　你醒　　她在
　　你睡　　她也在

　　在歡躍中　她是你是春
　　在狂熱中　她是你是夏
　　在深沉中　她是你是秋
　　在冷靜中　她是你是冬
　　在四季中　她是你是花　　　　　　　一九七七

【賞析】　　在這首詩的兩節中，詩人用複沓（repetition）的技巧，將精心選擇的不同詞語安排在幾乎完全相同的句式中，將四組相對而又相關的意象精巧而又別緻地編織在這些詞語裏：這四組意象是：大自然與都市、春夏秋冬、身體與心靈、歲月與愛情，在第一節中，猶如大自然要有太陽月亮才能存在一樣，身體要有心靈才能生存，這就引出第二節，生活中要有愛情（「她」可指愛人亦可喻愛情）才有意義。愛情不可能是一帆風順的，有曲折、有挫折，也會經受考驗，但只要兩心相知，儘管春去冬來，歲月悠悠，愛情也能經受住考驗，開出不敗的鮮花。當然這首詩更表現了生命在大自然與歲月的變化中所呈示的帶有相互換位與變動的重新組合型構與秩序，是相當機智的。

詩的歲月

——給蓉子

要是青鳥不來
春日照耀的林野
如何飛入明麗的四月

踩一路的繽紛與燦爛
要不是六月在燃燒中
　已焚化成那隻火鳳凰
夏日怎會一張翅
　便紅遍了兩山的楓樹
把輝煌全美給秋日

那隻天鵝在入暮的靜野上
留下最後一朵潔白
　去點亮溫馨的冬日
　　隨便抓一把雪
　　　　一把銀髮
　　　　一把相視的目光
　都是流回四月的河水
　　寄回四月的詩

一九八三

【賞析】　西方現代派詩壇大師T.S.艾略特的名作「荒原」，一開頭就是使人驚愕的幾行：「四月是最殘忍的月份，哺育著／丁香，在死去的土地裏，混合著／記憶和欲望」。「荒原」所表現的，是第一次世界大戰後西方社會一片荒蕪凋敝，沒有希望、沒有生命力。但那已經成了歷史一去不復返了。在羅門的詩中，暮春與初夏相交的四月是最甜蜜的月份，孕育著明麗的前景，也蘊含著溫馨的回憶，那是因為，在近三十年前的四月，他和蓉子走進教堂，舉行婚禮，結成終生伴侶。同是詩人的蓉子對此寫下了如下的詩行：「如今是四月花開的日子／濃蔭中有陽光瀰漫／樹叢中有鳥聲啼唱／空氣中洋溢著芬香／於是我作了一次抉擇——／等復活節過後／我將在這　獻上我的盟誓／和愛者去趕一個新的旅途！」（夢裏的四月）。羅門寫此詩時是五十五歲，他在詩中用四季來象徵和蓉子共同走過的人生里程，「春日林野中的青鳥」是新婚燕爾的形象，「夏日的火鳳凰」象徵著熾烈的愛情和蓬勃進展的事業，「秋日裏紅遍滿山的楓樹」在暗示事業有成，倆人在詩壇上都取得了豐碩的成果，而「冬日裏在入暮靜野上的天鵝」則表示他們在步入老年時，心境平和恬靜。詩中結尾處：「隨便抓一把雪／一把銀髮／一把相視的目光／都是流回四月的河水／都是寄回四月的詩」這是使人吟咏再三、擊節贊譽的精彩之處，具體意象（雪、銀髮、河水）和抽象意象（相視的目光）交匯融合，描述意義（即字面意義）、比喻意義（以「河水、詩」喻對昔日的回憶和緬懷以「雪」喻冬日）和象徵意義（以「銀髮」象徵步入老年的心境）等交相疊合，產生出十分感人的藝術效果。

給「青鳥」——蓉子

寫在結婚三十周年紀念的四月

一

這一天
因你要來
整個天空
停業一天

地平線上
只有一座三十層高的
　　　　玻璃大廈
　　　　望在透明裏

能看見的
都透明
若有直去的路
那是帶着你童年
直飛過來的鐘聲
在純淨的氣流裏
天空的層次很美
四月的坡度更美
　　　　風不快
　　　　海不急

你啣住那支仍青翠的桂葉
　　　飛來歲月的雙翅
　　　　　一邊山
　　　　　一邊水
　　　什麼是靜
　　　　什麼是動
時間還會不懂嗎
世界就是閉上眼
也知道往那裏去

二

把你每天用詩
釀造的白晝
泡好在那杯茶裏
將你每天用筆尖
　　　裝訂的夜晚
堆滿在你沉思的燈下
一聲晚
一聲早
日月已伴我們
　　走了三十年

三十年
是詩說的

就讓詩回頭來看
除了你每進廚房
忙來一臉傻笑
白晝與夜晚
都一頁頁
疊在《日月集》裏
疊高成時空的「燈屋」

—一九八五

【賞析】　按中國古代的神話傳說，青鳥是西王母跟前的信使，專門替她傳遞信息，象徵著女性的忠貞；在西方，青鳥是人類幸福的象徵，比利時劇作家梅特林克的名作《青鳥》就是一個典型例證。難怪被譽爲「戰後臺灣第一位重要女詩人」的蓉子要以青鳥自況，爲自己的第一部詩集取名爲《青鳥集》（1953），她在詩壇上被形容爲「永遠的青鳥」。請看蓉子筆下的青鳥：「從久遠的年代裏——／人類就追尋青鳥，／青鳥，你在哪裏？／青年人說：／青鳥在丘比特的箭簇上。／中年人說：／青鳥伴隨著「瑪門」。（自注：「瑪門」語出聖經，「財利」的意思。）／老年人說：／別忘了，青鳥是有著一對／會飛的翅膀啊……」（蓉子：青鳥）羅門的這首詩寫於1985年，此時距他跟蓉子結爲夫妻，已過了整整三十年，詩中，屹立在地平線上的那座「三十層高的玻璃大廈」，正是這對詩壇伉儷用純清的心靈和對詩美的摯著追求，歷經三十年的恩愛與辛勤，共同建造起來的。而青鳥喙的那支「仍青翠的桂葉」，正象徵著他們永遠年青的詩心。第

一部份中，「用詩釀造白晝」、「用筆尖裝訂夜晚」、「白晝與夜晚，都一頁頁」，疊成詩集，疊成燈屋，這是用詩化的語言表現這一對詩壇伉儷在創作的道路上，在共同的生活中走過的這三十年歷程。其中《日月集》既是他們倆人英文合集（1968年）的書名，同時也意指「日月已伴我們走了三十年」；「燈屋」既是倆人在現實生活中的居室（羅門將其形容成「詩與藝術的美感生活空間），也與第一部份中「地平線上只有一座三十層高的玻璃大廈」相呼應，從這兩例中，我們也可看出詩人構思的精巧與熨貼。

3.藝術篇

提琴家的琴

懷着金屬的山　孕着波浪的海
湧出雲彩的天空　放出風與鳥的樹林
　　睡在千目中　　　醒在千耳裏

太陽滑行在光線上
　流泉瀑布　手摸愛人柔柔的長髮
光線上跳躍着太陽
　蹄聲在鞭響裏　天鵝的腳在湖上

那把鋸　鋸不斷生命的四排聯想
　　　便鋸出繽紛的年輪
將一條線分給那放風箏的小孩
　一條線讓鳥帶走
　一條線繞入維也納
　一條線拋向天堂
然後　像鐘聲住在鐘裏
　　他住在他的琴中

　　　　　　　　　一九六二

【賞析】　中國詩人善於用引起讀者聯想的詩句來描寫訴諸聽覺
的樂聲，將轉瞬即逝的樂聲用詩的語言記錄下來，讓無緣直接聆
聽樂聲的人通過他們的詩句也能夠欣賞到優美的音樂，可以說已

經有悠久的傳統了。如白居易的「琵琶行」、李賀的「李凭箜篌引」和韓愈的「聽穎師彈琴」等就是我們耳熟能詳的典型例證。羅門的這首詩可以說是繼承著這樣的傳統，只不過時代變化，他所描述的不再是琵琶或箜篌，而是來自西洋的小提琴。在頭兩節中，詩人用多種訴諸不同感官的意象來激發讀者的想像，其中包括：訴諸視覺的「湧出雲彩的天空」、「太陽與光線」（兼有溫覺）；訴諸聽覺的「流泉瀑布」、「蹄聲在鞭響裏」，「放出風與鳥的樹林」，訴諸觸覺的「愛人柔柔的長髮」，訴諸動覺的「跳躍、滑行」、「天鵝的腳在湖上」等，像這樣多方位的感受綜合在一起，就能使讀者對本來只訴諸聽覺的提琴聲產生藝術的想像，仿佛也能聆聽欣賞。在詩的第三節中，詩人表述了自己對音樂與人生的一些思索，他將提琴上的四根弦比喻成「生命中的四排聯想」，將來回拉動，奏出優美樂聲的提琴弓比喻成「鋸出繽紛年輪的鋸子」，這些都是新穎貼切的比喻。對四條線（源於四根琴弦）的安排象徵著在藝術的領域內不懈的追求和探索。末兩行「像鐘聲住在鐘裏／他住在他的琴中」頗有些哲思的味道；只要鐘在就能發出悠揚的鐘聲，而只要提琴聲不絕，提琴家用全副身心創造出來的那純潔優美的藝術境界就將永存。

歲月的琴聲

——聽名胡琴家黃安源演奏有感

你的弓
動開來
是頭也不回地流去的
　　　　長江與黃河
你胡琴上的兩根弦
是河的兩岸
也是中國人歲月的雙軌
　運不完的憂患與苦憶

每一拉
都可看到土地與同胞身上
　　　劃過的刀痕與彈痕
每一頓挫
都是千慨萬嘆
快弓　急來兵慌馬亂
慢弓　痛若都感到累了
將血和山色
　淚與江水
　拉在一起
春天如何戴花回江南
冬日如何披雪回江北

歲月是哭是笑
琴聲也說不清
而文化仍以輝煌
　山河仍以錦綉
直等着回音

台上　琴聲淌淚叫着家
台下　黑髮望白髮

一九八七

【賞析】　胡琴是中國的民族樂器，詩人在一次聆聽胡琴演奏時因琴聲而引發出悠悠情思。詩人少年時在抗日戰爭的炮火中離開故鄉，以後數十年又因海峽兩岸處於對峙狀態而不能回去，但他對祖國、對故鄉、對中華文明那種深沉摯著的愛都始終縈繞於懷，所以在他心目中，拉動的琴弓是奔流的長江黃河、發出如泣聽訴的琴聲的琴弦，運載著中國人的憂患與苦憶。羅門寫此首詩時已年屆花甲，歲月染白了頭髮，他盼望祖國統一，出於對輝煌的中華文化和祖國的錦綉山河的無比熱愛他想像著在春天或是在冬日如何投身於祖國河山的懷抱之中，「少小離家老大回，鄉音未改鬢毛衰」，這既是詩人憧憬的場景，也引起詩人的無盡喟嘆：「台上　琴聲淌著淚叫著家／台下　黑髮望白髮」這末節短短的兩行，所描述的琴聲多麼深沉，仿佛長時間地縈繞耳際，所抒發的思鄉情懷多麼眞摯感人，催人淚下。

大自然的建築師——莊喆

每一滴墨　都是鳥聲與泉音
　　　　　可驚動整座山
每一塊墨　均被空間坐成
　　　　　久遠的土地
每一根線條　均被時間踩成
　　　　　　千踪萬經

山在雲裏走　越走越深
水與天同來　越來越遠
高處茫　低處幽
鳥飛不見翅
林茂不見樹
石變不見形
河在不流中也流
雲在不飄裏也飄
眼睛要是再看下去
山與雲一體
水與天一色
大地只留下那片絢麗的蒼然
天空只留下那朵幽美的渾然
眼睛要是再看下去
　　　　　見不到永恆

便不回來

一九七八

【賞析】　著名畫家莊喆在臺北市龍門畫廊展出他的新作，羅門以爲他是「以氣勢、渾厚、壯潤、深遠華美與玄思的畫面而屹立於畫壇的」，在參觀了他的新作展後寫下此詩。在藝術領域內，詩歌是語言藝術，供讀者聯想，而繪畫屬視覺藝術，讓觀衆觀賞，以後者表現前者內容的實例很多（如「杜甫詩意畫」之類），且不乏佳作，而以前者來表現後者內容的，則很少見，羅門此詩，可爲一例。然詩歌與繪畫，本系同屬藝術領域的不同門類，在訴諸人的情感與想像方面，大有相通之處。蘇軾嘗云：「味摩詰之詩，詩中有畫；觀摩詰之畫，畫中有詩」，「少陵翰墨無形畫，韓幹丹青不語詩」，在這類實例的基礎上，他的結論是「詩畫本一律，天工與清新」，深得此中三昧。羅門這首詩，綜合運用多種藝術技巧，如：通感（第一、二行），突破時空界限（第三至六行），動態描寫（第七、八行）、排比（第十、十一、十二行）、悖論（第十三、十四行）、將抽象概念具體化（第十八、十九、二十一行）等等，表現出莊喆畫面的內容和自己觀畫時產生的感想，力圖使無緣親睹畫展的讀者通過閱讀和想像，也能感受到畫家新作的內容與風格。既已產生出相似的藝術效果，如我們戲仿前賢，不是也可以說「羅門筆墨無形畫，莊喆丹青不語詩」嗎？

花之手

以花之手
推開天空與大地
先放雲與鳥進來
讓世界無限的遼闊出去
再以花之手
雕塑晨曦晚霞與天空
描繪綠樹碧野與青山
撥弄陽光風雨與流水
旋轉日月季節與宇宙
然後以花之手
把圓寂與空茫
緊緊握成一朵渾成的永恆
把渾成的永恆
緊緊握成一朵不凋的芬芳

一九八二

【賞析】　臺灣著名雕塑家何恆雄的作品「花之手」置於臺北市
新生公園內，而配合這尊雕塑是供人直接欣賞、可視可觸的造形
藝術品，要用詩來描述，實非易事，若寫得太實太細，就沒有詩
意，讀者（觀眾）大可直接去欣賞雕塑，何必來念詩；若寫及太
空太玄，易使人感到不著邊際，難以對照欣賞。但是，藝術的各
門類是相通的。優秀的詩人對具體與抽象、現實與想像、語言的

常規（norm）與變異（deviation）這類相關又相對的概念是深知其中三昧，並用來苦心經營、建造佳構的。這類例子很多，我們隨便舉幾個：「細雨濕流光，芳草年年與恨長」（馮延巳）細雨不僅能打濕芳草，還能打濕黃昏和光陰，「只恐雙溪舴艋舟，載不動，許多愁」（李清照）是將無形的「愁」用小舟來裝載，「我用咖啡匙將我的生命量出」（T. S. 艾略特）將無形的「生命」用咖啡匙來量出時等，在這類例子中，原本抽象的無形的概念在詩人筆下都成了具體的可感知的形象，增強了作品的形象性和感染力。在羅門的這首詩中，「讓世界無限的遼濶出去」，「把圓寂與空茫／緊緊握成一朵渾成的永恆／緊緊握成一朵不凋的芬芳」，就是讓抽象的無形的「遼濶、圓寂、空茫、永恆、芬芳」等概念，在花之手的作用下變成了具體的可感知的形象（兩處用量詞「一朵」，讓讀者產生與「花」的聯想）。此詩中間有四行整齊的排比，精雕細琢，很有詩趣和氣勢「雕塑晨曦晚霞」頗值得品味，而「旋轉日月宇宙」就具有宏大的氣勢了。聯繫到詩的開頭，「以花之手／推開天空與大地」，花一開，讓天地也開放，雕塑的宏大氣魄，已經展示，至此更是一種擴展與深化。至此，我們對一尊置於公園中的雕塑作品「花之手」就有了非常鮮明生動的印象，原本靜止不動的一尊雕塑已經被詩人賦予了能夠改天換地，描繪自然美景，創造永恆與美的宏大氣魄和旺盛生命力。

藝術大師——米羅

米羅　是你帶着萬物
　　　回到純純樸樸
　　　　自自然然
　　　　原原本本

沒有你
空間從哪裏去看起點
時間到哪裏去聽回音
生命如何認出自己來

你的線條
將世界放得好高
　　　　　　好遠
一路看不見紅綠燈
槍彈炮彈也追不上來
再過去
是無限
再過去
是永遠

你的色彩
紅透了太陽

綠透了原野
藍透了天空
都從自己那裏
　　　美出來
美入大自然的臉
美入宇宙的眼睛
最後　都美回原來

你的造型
造起一個個開心果園
　　　一個個玩具國
一個個說童話的夢境
只同生命定合同
與原始簽約
最後　統統交給永恆

　　　　　　　　　　　一九九一

【賞析】　世界藝術大師米羅大展，在臺北舉行時，吸引了成千
上萬的觀衆，盛況空前。羅門應臺北市立美術館的邀請，爲大展
作一場有關米羅的創作思想和藝術成就的專題講演，受到歡迎。
這首詩可視爲他那次專題講演的詩化版本。羅門畢生追求詩歌與
藝術領域的完美境界，是一位有很高鑒賞力的藝術評論家，他在
詩中，圍繞繪畫的三個基本要素，即線條、色彩和造型，用地道
的詩的語言，對米羅的作品進行評析，鮮明地表達了他對「第一

自然」（太陽、原野、天空、果園等）的嚮往和對「第二自然」（「紅綠燈」和「槍彈炮彈」之類）的批判。在此基礎上羅門對米羅作品進行歸納，抒發自己的觀感，他以為米羅的作品體現了質樸、永恆與美，而這些都是超越時間空間，跟生命維繫在一起的，在羅門看來，米羅作品就是他所謂「第三自然」的最佳例證之一，而他本人寫出的這首詩，也是為追求「第三自然」完美境界的一次力證。

觀舞記
——看保羅泰勒現代舞

你們一轉　地球跟着去
你們一停　鐘錶都不走

那些採星採月的手
在空中不動　都成了鋼架
那些踩花踩浪的腳
　大步　大步跨過去
下面是千山萬水
就不能不飛了
鳥飛着你們去
雲飄着你們來
河在你們身上流動
海在你們身上波動
天空在你們身上旋動
光波在你們身上跳動

你們換位來日月
　穿插來花蝶
　擴散為霧
　凝聚成山

　　幕落時　一朵不凋的讚美
　　　　　在不斷的掌聲中盛開
　　　直喊你們是杜菲筆下的線條
　　　　　　享尼摩爾刀下的石雕
　　　　　　杜步西眼中的音樂
　　　　　　　　　　　一九七九

【賞析】　保羅泰勒（1930～）是美國著名的現代舞演員和編導，1955年創立泰勒舞蹈團，成員不足十人，以後在世界各地巡迴演出，獲巨大聲譽。這首詩記述詩人欣賞泰勒舞蹈團的現代舞表演後留下的印象和感受，他運用想像、比喻、誇張等多種手法來重現那種時而恬靜幽雅、時而熱情奔放的優美舞姿。羅門認為藝術的各個門類是相通的，藝術家所為，都是在表現人的情感、表現力度、表現美，只不過所用的材料和方式有所不同而已。所以在詩的結尾處，他將泰勒的現代舞比作畫家筆下的線條（杜菲，又譯作「杜飛」（1877～1953）法國著名印象派畫家，作品色彩鮮艷明亮對現代派繪畫產生過很大影響），又比作雕塑家刀下的石雕（享尼摩爾（1898～），英國雕刻家，主要作大型的青銅和大理石雕像，享世界聲譽），還比作音樂家創作出的音樂聲（杜步西，通譯「德彪西」（1962～1918）法國作曲家，受文學和美術中印象主義和象徵主義的影響而創造出一種具鮮明特色的音樂結構體系）。在羅門的心目中，儘管這藝術大師分屬不同的藝術門類，但他們的作品在表現力與美，在激發人的情感、淨化人的心靈上，卻是一樣的。

「想園」夜話

踩着入冬的冷雨
我們走進有酒的地方坐下
把煙蒂望成北地的落雪
漢城與臺北便近如
「想園」裏的你和我了
世界只隔着兩個酒杯
便等於沒有隔
因為一碰杯
　　　　　酒喝下去
長江與漢江便流在一起
　　　　　與醉在一起了
今夜
醉得通紅的
已不是酒中的臉
而是李白眼裏的水中月
　　　美如一朵詩裏的東方

　　　　　　　　　一九八〇

【賞析】　一九八〇年初冬，在臺北舉行的一次作家會議結束以後，來自韓國的詩人崔勝範博士即將返國，動身前夕，羅門與他在一家名「想園」的咖啡館夜聚，以酒話別。談話中，羅門一直強調東方詩的意境最高，謂「煉鋼廠在西方，煉心廠在東方」，

而崔教授頗有同感，兩人談得十分愉快，分手後羅門寫下此詩。全詩語言曉暢、情感真摯。「入冬的冷雨」反襯出倆人把酒暢談的熱烈溫暖，如「北地落雪」般的煙幕又從側面加強了這一層意思。「世界只隔著兩個酒杯」、「酒喝下去／長江與漢江便流在一起／與醉在一起了」兩個人冬夜對酌，這一常見場景在詩人筆下，竟呈現出如此廣濶的場景和具有如此宏大的氣勢。在最末一節裏，詩人用「美如一朵詩裏的東方」這種反常配置，凸現出他對有悠久傳統的東方文化所持的尊崇和讚美。

悼佛洛斯特

當人類從時空裏敗退下來　神的手臂呢
我唯一能抓住的是桑塔亞娜的眼神與斯賓諾莎的視
境

入冬的園林　葉子都紅透了
你的蘋果臉也曾這樣紅過
此刻　你遲疑的眼神　探視在童時跳步的路上
　　那隨伴的園丁是看不懂的
那園丁的手　只管扶住歲月從你身上壓下來的威力
　　卻顧不了往事似車群亂碰在你落暮的站上
你滿頭白髮　輝映着天國的雪景
確是入冬了　佛洛斯特　終站的鐘已鳴
歲月將如何安置你最後的床位

像一幢巍然的建築　你終於倒在全世界的新聞裏
　成為古迹　成為百科全書裏的新公園

佛洛斯特　一萬座原子城也造不了一顆心臟
而你是人的設計者　人的創造者
在產房與墳地之間　你的詩句已連成靈魂的鋼索

佛洛斯特　你安睡吧　美利堅最華麗的噴泉仍醒着

一九六三年一月二十九日　已在歷史裏制版
你安睡吧　像安睡的田園是永不會失眠了

一九六三

【賞析】　佛洛斯特，通譯弗羅斯特（1874～1963），美國著名詩人，詩作多以描寫新格蘭的自然景色或風俗人情開始，進入哲理的境界，詩風樸實無華，然而細緻含蓄，待人尋味。一九六一年受到特邀，在美國總統就職典禮上朗誦詩篇，被認爲與T.S.艾略特同爲美國現代詩壇的兩大中心。羅門在美國方面招待臺灣新詩人的一次酒會上，看到關於弗羅斯特晚年生活的紀錄影片，一個園丁伴隨他在鄉間園林裏緩慢地散步，樹葉在冷風中飄落，他雙唇顫抖，曾經充滿激情的生命已經接近冷靜的世界⋯⋯。這首詩就是記錄對影片的印象和對弗羅斯特去世的感想，表達對這位享譽世界的老詩人的崇敬與哀悼。詩中，桑塔亞那（1863～1952）是美國著名哲學家、詩人，斯賓諾莎（1632～1677）是荷蘭哲學家，這兩句是說在人的精神領域裏，詩藝和哲理具有重要的地位和永久的魅力。

誰能買下那條天地線

將日月星辰與燈
　　照來照去的光線
　　　　都拉過來

將汽車輪船與飛機
　　跑來跑去的航線
　　　　都拉過來

將畫家手中
　　畫來畫去的曲線直線
　　　　都拉過來

將大家眼睛
　　看來看去的視線
　　　　都拉過來

拉在一起
到最後
也只留下那條茫茫的天地線
　　　牽着天　拉着地
　　　　　　在走

【賞析】　羅門曾經跟一些名畫家在畫廊裏聊天，他半開玩笑半認真地說：「你們從小畫到老，究竟畫了多少條線，好累！由於地景藝術的興起，我乾脆請『詩』替你們向造物申請買下那條天地線，便省事得多了。」他提到的「地景藝術」，是六十年代開始在西方興起的一種現代派造型藝術，藝術家在一塊廣濶的地方（如山地、草原或海濱），用長長的織物、木樁和石塊等按自己的構思和周圍的環境搭成某種造型，供觀眾在遠處、高地或飛機上觀賞，氣勢非常宏偉，但有些人對這種跟傳統藝術迥然相異的藝術形式表示難於接受。羅門是一位熱愛藝術、勤於創新的詩人，在這首詩中，他受畫面上的線條與地景藝術的宏偉氣勢之間產生巨大反差的啓迪，努力去追求一種超越時空、廣博宏大的思想境界。儘管寫作此詩是緣起於跟一批畫家的玩笑話，但細讀完全詩，我們卻能感受到詩人在藝術上的追求與境界，我以爲，這就是這首小詩成功的地方。

哥倫比亞太空梭登月記

——并追記三十年來創作的心路歷程

將悲多芬的心房
　　　　先點火
然後把世界放在火上
　　　　　　射出去

那是一朵最美的形而上
馬拉美早就等在神秘的天空裏
以一個象徵的手勢
把它指引過去

一轉目　夢也追不上
它已飛越阿拉貢的故鄉
　　　　降落成一座月球

　　　　　　　　　一九八一

【賞析】　美國「哥倫比亞」航天飛機作登月飛行，是人類科學技術發展上一項了不起的成就，羅門用航天飛機的登月飛行來比喻自己創作的心路歷程，是開了一種先例。第一節中，悲多芬，通譯貝多芬（1770～1827），德國音樂大師，其成就是集古典派之大成，開浪漫派之先河，羅門將貝多芬跟航天飛機的點火升空階段結合起來，是說自己在三十年前，是在浪漫主義的激情推

動之下，踏上了創作的漫長里程；第二節中，馬拉美（1842～
1898）是法國象徵主義大詩人，對象徵主義詩歌藝術的發展作
出過重大貢獻，羅門馬拉美跟航天飛機在神秘的天空中飛行這一
階段結合起來，是說自己走上創作道路後，曾經一度深受象徵主
義影響，是在象徵主義的指引下繼續著自己的創作里程。第三節
中，阿拉貢（1897～1982）是法國著名作家，超現實主義的一
員主將，羅門將阿拉貢跟航天飛航飛抵月球結合起來，是表示自
己的創作里程繼受象徵主義影響之後，進入了超現實主義階段，
或許這將會成爲他創作的歸宿。在這首詩中，科學技術與文學藝
術結合起來，成爲羅門獨特的構思和意象，對自己三十年來創作
生涯中經歷的心路歷程，作了旣形象生動又準確精練的回顧和總
結。

世界走在純粹的透明與繽紛裏

——「光的詩境」（爲雷射藝術表演而作）第三部分

世界回到無邊無際
　　　無始無終

只留下動靜
　　　虛實
　　　明暗
　　　給光走

黑色空間在睡
　　　光也在睡
白色空間醒來
　　　光也醒來

光帶着星星　追月亮
　帶着月亮　追太陽
終於追到了最美的雷射光
　世界便走在純粹的繽紛
　　　　　與透明裏
　　　　　且歌且舞
　　　　　不帶形體

那一條條亮麗的光線
　會是太空船的航線
那一道道絢麗的光痕
　會是火箭的箭痕
那一層層綺麗的光波
　會是宇宙在航行中
　　湧過來的風浪
　　　　雲浪
　　　　　與海浪
那一圈圈美麗的光環
　會是宇宙從外太空
　　帶着一個個星球
　　　　滾過來
那一陣陣明麗的光霧
如果是時空在夢裏迷離
　　看一切都朦朦朧朧
世界上最美的一首朦朧詩
　　便只能用雷射光來看
看到最後
便帶宇宙回到神神秘秘的
　　　　原來
　　回到渾渾沌沌的
　　　　有無中

【賞析】　在臺北市世界貿易大廈舉行的「科技文化展示會」上，詩人與科學家張榮森博士，雕塑家何恆雄教授一起，在大會上作集雷射（LASER，即激光）、造型、詩歌、舞蹈、音樂等爲一場的雷射藝術表演。這種突破藝術各門類之間的界限，融傳統與現代、科學與藝術，東方與西方於一體的嶄新藝術形式，引起觀衆的極大興趣，也甚得輿論界好評。詩人所寫「光的詩境」是這次藝術表演的主題詩，限於篇幅，這裏選原詩的第三部分。在羅門自己的象徵體系中，「光」象徵著生命的存在與運動，他多次寫過關於「光」的詩篇。在這首詩中，產生於現代科學技術的激光更以其變幻莫測、五彩繽紛的光線激發出詩人更豐富的想像、更充沛的靈感，所以，這首詩跟其他描寫「光」的詩相比，詞句更加華麗、氣勢更加宏大，思想更加深邃，透過激光藝術的描繪，表現了詩人對人生、對藝術、對美、對世界的思考與感受。選論者於九一年夏天應邀出席在日本東京召開的國際比較文學協會第十三屆年會，在主人的安排下，參觀位於熱海的摩亞美術館，我回來後寫的一篇題爲「東京歸來」的報導中記述了美術館最高層參觀大型激光音樂廳的情景，「隨著激光在廳內的天穹和四壁上不斷變幻出種種賞心悅目的奇光異彩，萬里響起了立體聲音樂，悠揚時如春風秋雨、沁人心脾，激越時如金戈鐵馬，撼人魂魄，使觀衆完全進入到一個夢幻般的神話世界中，心靈上得到極大的享受，留下久難忘懷的美好印象。」如果說，日本的激光藝術表演是直接訴諸觀衆的視覺和聽覺，羅門的這首詩則試圖用詩的語言來引起讀者的聯想，在他們的腦海中去展示一幅效果相似的激光藝術圖。

光住的地方

光　沒有圍墻
光住的地方　當然也沒有
燈屋只是一個露天的艙位
在時空之旅中
眼裏帶有畫廊
耳裏帶有音樂廳
什麼也不用帶了
這樣　雙手可空出來
　　　　　　抱抱地球
雙腳可舒放在水平線上
頭可高枕到星空裏去
　把世界臥成遊雲
　浮着光流而去
　　　　月是堤
　　　　日是岸
登步上去　光就住在那裏

【賞析】　在羅門的象徵體系中，「光」象徵著生命的存在與運動。他竭力推崇詩與藝術在人類文明中的崇高地位，在這首詩中，他表達了這樣的思想：詩人和藝術家的藝術生命存在於他們無所束縛的想像和對美的無盡的追求之中，如劉勰所謂：「文之思也，其神遠矣。故寂然凝慮，思接千載；悄焉動容，視通萬里；吟咏

之間，吐納珠玉之聲；眉睫之前，卷舒風雲之色。」（《文心雕龍·神思篇》）以這樣的想像和構思，就可能創作出具有長久生命力的詩篇或其他藝術品，而詩人與藝術家的藝術生命也隨之得以永存。

與天同遊的詩人

你不是從那些煙囱裏
　　創作出來的煙
也不是在低高度
　　走動的霧
你是以整座太陽的熱能
　　從大地輻射
　　不斷向上昇華的
　　　　雲

在 N 度的透明空間裏
　　與天同遊
　　地上乾裂髒污時
　　便降成大大小小的
　　　　雨

當那些人在各種
　　公用浴缸
　　與游泳池裏
掀起嘈雜的聲浪
　　與熱潮
你獨坐山崖上
看雙目的兩輪車
奔馳在沉寂的水平線上
　　　　整個海

沒有聲音

【賞析】　　羅門從少年時代在學校的壁報上發表詩作開始，畢生從事詩與藝術的追求，他自言，他對詩（與藝術）所懷的信念，使他產生了一種近似宗教的狂熱與嚮往，為了有更多時間從事創作，他甚至辭掉了相當不錯的一份工作。在他看來，詩人和詩人所從事的事業都是崇高神聖的。這首詩是借自然界中常見的雨霧雲煙及大海等意象表達了這個信念。如果說「從煙囪裏製作出來的煙」和「在低高度走動的霧」是在比喻虛偽和庸俗，那麼，「以太陽的熱能，從大地幅射，不斷向上昇華的雲」則在表示崇高與神聖，當「地上乾裂髒污時，便降成大大小小的雨」表達了詩人這樣的思想：對社會上種種不道德的思想言行，可以用崇高神聖的詩歌藝術來教化。後半部份，「公用浴缸」、「游泳池」、「嘈雜的聲浪與熱潮」跟「沉寂的水平線」、「整個海沒有聲音」而組對照鮮明的意象形成兩個迥然不同的境界：現實社會庸俗、喧囂，而超凡脫俗的詩人卻以清醒的頭腦和敏銳的觀察在審視著人間發生的事情。毋寧說，這正是羅門的一張自我寫照。

野　馬

將前腿舉成閃電
　　吼出一聲雷
　　　然後放下來
　　　　竟是那陣
　　追風而去的雨
　　　奔着山水來
　　　衝着山水去
除了天地線
　　它從未見過繮繩
除了雲和鳥坐過的山
　　它從未見過馬鞍
除了天空銜住的虹　大地啣住的河
　　　它從未見過馬勒口
除了荒漠中的煙
　　　它從未見過馬鞭

一想到馬廐
連曠野它都要撕破
一想到遼闊
它四條腿都是翅膀
　　　山與水一起飛
　　　蹄落處　花滿地

蹄揚起　星滿天

【賞析】　駿馬奔騰，是奮發向上，一往無前的形象；天馬行空，更體現無羈無絆、縱橫馳騁的氣概，難怪從古到今，詩人們總愛將自己宏偉的志向和衝破禁錮、自由奔放的思想寄托在奔馬的形象中，如：「所向無空濶，眞堪托死生；驍騰有如此，萬里可橫行。」（杜甫：房兵曹胡馬詩）「龍脊貼連線，銀蹄白踏煙；無人織綿謗，誰爲鑄金鞭？」（李賀：馬詩）等，都是傳誦千古的名篇。羅門的這首詩繼承著這樣的傳統，著力描寫天馬行空的形象，氣勢宏大，振奮人心。開始處用自然界中常見的閃電、驚雷和追風而去的雨作比喻，「奔著山水來／衝著山水去」跟結尾處「蹄落處花滿地／蹄揚起星滿天」一樣，都是帶有對仗意味的佳構，表現行空天馬的健美與氣概。中間四個「除了……它從未見過……」的排比結構表現「野馬」的野性，「繮繩、馬鞍、勒口、馬鞭和馬廄」都象徵著對人的思想和創造精神的束縛和壓抑，而「天地線、高山、彩虹、江河、荒煙和曠野「這一連串意象則象徵著深廣無垠的思想境界。這首咏馬詩鮮明地體現了詩人在思想和精神境界，渴望衝破羈絆、自由奔放，「野馬」的形象被賦予了深刻的思想內容。

外鄉人

將一張六百元的稿費單
　　　　放在兌換櫃台上
看別人拿一大堆鈔票離去
詩神　於眾目中
　你只是一個落魄的
　　　　　　外鄉人

在豪華酒店裏
別人用酒染紅地毯
　　　　　染紅明天的太陽
你連一杯飲料都不是
要腦汁與果汁一樣價
都市是死也不肯了

於是　你的七弦琴
　　　　被踩成紊亂的斑馬線
你的詩在玻璃大廈的巨目中
　被改寫成一行行街車
　　　　一頁頁櫥窗
　　　　一本本支票

　　　　　　一九七九

【賞析】 按羅門的理論體系,「第一自然」指原始的自然景觀,「第二自然」是現代社會中人的生存空間,「第三自然」是詩人和藝術家創造出來的完美境界。這首詩就是表現在「第二自然」和「第三自然」的對立和衝突之中,後者的式微和衰落;在前者的強大勢力下,後者的蛻變與異化;以及將「第三自然」作爲畢生追求目標的詩人面對此種情景,內心裏產生的哀傷與惋惜。「六百元」與「一大堆鈔票」,持稿費單等待兌換與拿著許多錢離去,開頭兩組對比,就十分形象生動地展現出詩歌(以及其他嚴肅的文學作品)在現代化都市中的地位,難怪,原本聖潔高雅的詩神在眾人的心目中,只能是一個「落魄的外鄉人」。第二節中,說詩人作家的辛勤勞作,還不如豪華酒店裏出售的飲料,這樣沉重的社會現實只能使有良知的人感到痛心。在現代化的大都市裏,詩神的七弦琴再也不能奏出動人的樂聲,只好異化成紊亂的斑馬線,任人踐踏,詩神的詩情,再也不能化作「一行行詩句╱一頁頁詩篇╱一本本詩集」,只能夠化作「一行行街車╱一頁頁櫥窗╱一本本支票」,沉痛的心情與精巧的構思結合起來,來表現全詩的主題思想,更加富有感染力。

完美　是一種豪華的寂寞

你是廣大的天空
　就不能只讓一隻鳥
　　　　　飛進來
　　即使是天堂鳥

你是遼闊的原野
　就不能只讓一棵樹
　　　　　長進來
　　即使是神木

你是連綿的山
　就不能只讓一樣金屬
　　　　　藏進來
　　即使是鑽石

你是深遠的海
　就不能只讓一條河
　　　　　流進來
　　即使是長江

你是壯麗的大自然
　就不能只讓一種風景

　　　　　　　美進來
　　　　即使是山明水秀

　　你是燦爛的歲月
　　　就不能只讓一個節日
　　　　　　笑進來
　　　　即使是狂歡節

　　你是無限的時空
　　　就不能不讓短暫
　　　　　　走出去
　　　　永恆住進來

　　你是完美
　　　就得因為完美
　　　　永遠守在那份
　　　　　豪華的寂寞
　　　　　　　　　　一九八六

【賞析】　羅門對詩與藝術始終抱有崇高而神聖的信念，他說：
「詩人之所以為詩，是因為只有在詩中，才能達到美與情的極致。」
「在我看來，詩與藝術在人類生命中所顯示的力量是偉大、永恆
和不朽的。」創作出偉大永恆的詩歌和藝術作品就是在追求一種
完美的境界，羅門為此而付出了終生不悔的努力，包括辭掉一份

收入頗豐的工作而在所不惜。這首詩以精心構思的節奏和意象，表現了詩人這一信念和追求。全詩共八節，頭六節全部是用「你是……／就不能不讓……／……進來／即使是……」這種句式和排列寫成，成功地揉和了中國古典詞的長短句交替和西方詩歌中排比方式等語言特點，在意象安排上，分別選擇了天空與天堂鳥、原野和神木、山脈與鑽石、大海與長江、大自然與山明水秀、歲月與狂歡節等六組相關的意象，傳達詩人的藝術見解：偉大的藝術作品產生於深厚的文化積累，對前人成果的兼收并蓄和經過長期磨煉而具有的功力和素養，而驕傲自滿、固步自封是藝術發展的大敵。這六節詩由於其積極的思想意義和精美的語言形式，經得起讀者反覆吟咏。到第七節，句式發生驟變，成了「你是……／就不得不讓……／……出去／……進來」，意象也驟變了抽象概念「無限時空、短暫、永恆」語氣也由委婉驟變成帶命令語氣的肯定，這是詩人信念的擴展和深化：只有偉大的藝術作品才可能具有永恆的生命力。最後一節全由抽象概念組成，這是詩人思想的昇華：為了創作出偉大、永恆的藝術作品，追求完美的藝術境界，詩人和藝術家應當經受挫折磨煉、苦苦追索，付出畢生努力而始終不悔。而追名逐利、虛張聲勢、高位錢財等，都跟這種信念和追求完全無緣。

4.戰爭篇

麥 堅 利 堡

——超過偉大的是人類對偉大已感到茫然

戰爭坐在此哭誰
它的笑聲　曾使七萬個靈魂陷落在
　　　　　　　比睡眠還深的地帶
太陽已冷　星月已冷　太平洋的浪被炮火煮開
　　　　　　　　　　也都冷了
史密斯　威廉斯　煙花節光榮伸不出手來
　　　　　　　　　接你們回家
你們的名字運回故鄉　比入冬的海水還冷
在死亡的喧噪裏　你們的無救　上帝的手呢

血已把偉大的紀念沖洗了出來
戰爭都哭了　偉大他為什麼不笑
七萬朵十字花　圍成圓　排成林　繞成百合的村
在風中不動　在雨裏也不動
沉默給馬尼拉海灣看　蒼白給遊客們的照相機看
史密斯　威廉斯　在死亡紊亂的鏡面上
我只想知道
　　　　　那裏是你們童幼時眼睛常去玩的地方
　　　　　那地方藏有春日的錄音帶與彩色的幻燈片

麥堅利堡　鳥都不叫了　樹葉也怕動

凡是聲音都會使這裏的靜默受擊出血
空間與空間絕緣　時間逃離鐘錶
這裏比灰暗的天地線還少說話　永恆無聲
美麗的無音房　死者的花園　活人的風景區
神來過　敬仰來過　汽車與都市也都來過
而史密斯　威廉斯　你們是不來也不去了
靜止如取下擺心的錶面　看不清歲月的臉
在日光的夜裏　星滅的晚上
你們的盲睛不分季節地睡着
睡醒了一個死不透的世界
睡熟了麥堅利堡綠得格外憂鬱的草場

死神將聖品擠滿在嘶喊的大理石上
給升滿的星條旗看　給不朽看　給雲看
麥堅利堡是浪花已塑成碑林的陸上太平洋
一幅悲天泣地的大浮雕　掛入死亡最黑的背景
七萬個故事焚毀於白色不安的顫慄
史密斯　威廉斯　當落日燒紅滿野芒果林於昏暮
神都急急離去　星也落盡
你們是那裏也不去了
太平洋陰森的海底是沒有門的

　　　　　　　　　　　　　　　　　　　　　一九六一

【賞析】　麥堅利堡（Fort Mckinly）位於菲律賓的馬尼拉城郊，為

紀念第二次世界大戰期間在太平洋地區陣亡的七萬名美軍官兵，在這裏豎立起七萬座大理石十字架，分別刻著死者的姓名與出生地，排列在空曠的綠坡上。一九六一年，羅門因公赴菲律賓，在幾位菲律賓作家和畫家的陪同下來此參觀，遠處，馬尼拉灣在閃光，近旁，芒果林和鳳凰樹連綿遍野，景色令人憂傷，令人肅然起敬。作爲一位親身經歷過第二次世界大戰的詩人，羅門在此景此情中，禁不住浮想聯翩、感慨萬端，遂寫下這首長詩。據他自敍本詩的創作過程：「在我步臨該堡時，只感到內心裏發生一種莫名的戰慄，它是來自那冷寂、悽慘與死滅的世界，并以籠罩性的勢力向我直壓下來，此「壓力」在歸途上仍不肯鬆手，直至我由馬尼拉返台北將它寫出來，沉重的心懷才逐漸得到舒暢。」（見「麥堅利堡寫後感」）。誠如本詩副標題「超過偉大的／是人類對偉大已感到茫然」通過哲理所揭示的全詩主旨：爲反對法西斯的侵略和奴役，爲爭取人類的民主與自由而英勇獻身的千千萬萬軍人，他們的犧牲是極其偉大而不朽的，其程度無法使人們作完整而明晰的想像，於是感到茫然。爲了闡釋這一主旨，羅門安排了由戰爭與死亡合二而一的擬人化和由史密斯、威廉斯爲代表的七萬陣亡美軍官兵這兩個對立面，用擬人、對比、反詰、意象、比喻等多種手法抒發感情、深化主題，在時間與空間的觀念上產生出一種雄渾與悲愴的氛圍，使全詩具有濃郁的悲劇意味。在「筆落驚風雨、詩成泣鬼神」的藝術效果方面，這首詩可謂是承接了中國古代的邊塞詩，如「黃塵足今古，白骨亂蓬蒿」（王昌齡）「遙憐故鄉菊，應傍戰場開」（岑參）「醉臥沙場君莫笑，古來征戰幾人回？」（王翰）等。在詩中，羅門對戰爭的兩個方面，即痛苦與死亡和偉大與神聖，進行了審視，認爲戰爭是人類社會

的一場偉大的悲劇，戰爭造成的苦難不應當重覆出現，人的存在和尊嚴應當得到肯定。美國女詩人K.希爾對此的評語是：「羅門這首詩具有將整個太平洋凝聚成一滴眼淚的那種力量。」是很有見地的。由於這首詩的鮮明的反戰與人道思想及突出的藝術成就，發表後被收入多種詩集，還被譯成幾種語言，選入英、日、韓等外文詩選。一九六七年，這首詩獲得國際桂冠詩人協會頒發的榮譽獎和菲律賓總統金牌獎。

一直躺在血裏的「麥堅利堡」

——二十九年後，我與風與雨又來看你！

(一)

麥堅利堡
戰火沒有在海底熄滅
又要你跑到波斯灣去打聽
而死亡在這裏　卻一直沒有死
風雨中的天空　暗成一塊黑板
你用數不盡的十字架
寫下那麼多加號
究竟要把世界加到哪裏去

炮彈炸彈加上血　等於死亡
炮聲哭聲加上嘶喊　等於死亡
祈求哀禱加上安息　等於死亡
史密斯威廉斯加上喬治　都等於死亡

只有插在風雨中的星條旗旗桿
是唯一劃在空中的一個減號
能不能減去滿天的愁容
　　　　　滿地的凋零
問風　風悽
問雨　雨苦

問沉睡在石碑上的一排排不朽
　　　　　它連看都不看

要不是來旅遊的摩登女郎
把紅嘴唇紅指甲與紅寶石
　紅到太平洋海底裏去
誰會想起
　那七萬條被炸彈炸碎的生命
　在海底用血釀造着
　　槍口炮口傷口喝不盡的紅葡萄酒

既然自粉盒中白出來的臉
　　　　已白過了十字架
從快速攝影機中
　取出來的那段歷史
　也只當作旅遊風景看

麥堅利堡　還有什麼能超過
　　　　　　這裏的遊興
當飛機與遊輪不斷運着假期
　　　　從太平洋的海上經過
有沒有人問　你在海底
　　　　什麼時候收假

　　　　　(二)

滿目白茫茫的十字花

在風雨中開

　　越開越白

　　越白越茫

再多的照相機

也收割不了

即使收割下來

也沒有地方放

禮拜堂　已放有百合花

夜總會　已放有夜來香

安理會代表們的胸前　已插有紅玫瑰

殯儀館門前　已放滿了白菊花

其實一直躺在血裏的麥堅利堡

你只是一片白茫茫死不了的死亡

　　一盆開在時空之外的盆景

要放　只能放在上帝的窗口

　　　　　　　　一九九〇

【賞析】　一九九〇年八月，羅門應臺灣一個文化機構的邀請，
隨同該機構的一個電視攝製小組，專程飛往馬尼拉拍攝麥堅利堡
的現場景觀，距他上次來此，隨後寫下名篇「麥堅利堡」，已有
二十九年，而在拍攝的幾天中，又面臨颱風，拍攝工作時時遇上
風雨。羅門有感於此，寫了這首「麥堅利堡」的續篇。羅門在這

首詩中，繼續對戰爭的兩面，即痛苦與死亡和偉大與神聖，進行審視，肯定人的存在與尊嚴，緬懷在反法西斯的正義戰爭中英勇獻身的英靈，在詩的風格上力圖保留了前詩那種超越時空的悲壯與雄渾。此外，詩人重訪麥堅利堡，距上次來此，已過了二十九年，距第二次世界大戰結束，則已有四十五年，數十年間，世界上發生了很大的變化，在當年戰機戰艦巡航的天空大海上，現在是運送一批又一批旅遊者的飛機和遊輪，「禮拜堂、夜總會、安理會和殯儀館」代表著當今世界上一種新的格局和秩序，（雖然有時會被「波斯灣」所代表的局部戰爭打亂）昔日的陣亡將士基地成了供人觀光遊覽的旅遊景觀，戰爭造成的痛苦與死亡，為正義事業英勇獻身的數萬英靈，在當今人們的心中已經越來越淡漠了，詩人為此感到惋惜，並呼籲人們不要忘了歷史，不要忘了長眠在這裏的，使戰爭成為偉大與神聖的數萬英靈。

彈片·TRON的斷腿

一張飛來的明信片
叫十二歲的TRON沿着高入雲的石級走
而神父步紅毯
　子彈跑直線

如果那是滑過湖面的一片雲
也會把TRON的臉滑出一種笑來
如果那是從綠野飛來的一只翅膀
也正好飛入TRON鳥般的年齡

而當秋千升起時　一邊繩子斷了
整座藍天斜入太陽的背面
旋轉不成蹓冰場與芭蕾舞台的遠方
　便唱盤般磨在那支斷針下

【賞析】　六十年代中期，在越南進行著大規模的激烈戰爭。詩
人在雜誌上看到一張照片，上面是一位叫TRON的越南小姑娘，
在戰火中被炸彈的彈片削去了一條腿，慘不忍睹的情景使詩人悲
憤下筆，寫了這首詩，對現代社會中戰爭的殘酷發出了控訴，對
遭受戰爭禍害的無辜人民表示了深切的同情。第一節中的頭兩行
具有雙關意義，「飛來的明信片」往往給人帶來好消息，帶來喜
訊，如果真是那樣，這位小姑娘一定會歡欣跳躍，喜不自禁；然

而，在殘酷的戰爭中，眞正飛來的卻是炸彈的彈片，它使小姑娘斷腿從此失去了正常的人生道路，她的理想只能存在於虛幻之中了。「神父步紅毯／子彈跑直線」兩句別有意味：宣傳教化、鼓吹和平與博愛的神父腳下，卻是用人的鮮血染紅的紅毯：無論神父多麼賣力地說教，戰爭仍舊進行。第二節用「反襯」方法，「湖面的雲、笑，從綠野飛來的一只翅膀、鳥般的年齡」等都是美好的意象，是一個十二歲小姑娘本應擁有或享受的東西，然而，現實中那飛來的彈片與飛來的雲或翅膀（以及上文中「飛來的明信片」）形成了多麼強烈的反差；它使這些美好東西統統成了泡影。第三節的寫法很別緻，盪起的秋千、藍天紅日、溜冰場與芭蕾舞台，發出音樂的唱盤等，都在暗示小姑娘如花的歲月、鳥般的年齡，然而這一切都突然發生了巨大的變化，美好的東西再也不存在了，最後一行「唱盤般磨在那只斷針下」，美妙的音樂突然變成吱嘎刺耳的怪叫，讓人心悸，這些都表示小姑娘的人生道路，因爲戰爭的摧殘而發生了巨大的變化，也使人想到她日後生活的艱辛。此詩中，動詞的選擇和運用也很有特色，如「步紅毯、划過、滑出、飛入、斜入、磨在……下」等就很生動形象，而「斷針、斷繩」、「斜入、旋轉」等語，在描寫了物的同時，也在暗示小姑娘因腿斷了，行動艱難、生活艱辛，兩者具有巧妙的內在聯繫，這些都是詩人的匠心所在。

子彈‧炮彈‧主！阿門

一群子彈與炮彈
　從傷口不停説出
　　　上帝聽不進去
　　　也不愛聽的話

傳到聯合國安理會
該説的　繼續説
不該説的　便停下來
停不下來的
便繼續由傷口
　以對話的方式來説
　　　　上帝不愛聽
　　　　人不能不聽

聽到大家無話可説
便留下一排十字架
　　　　墳碑與
　　　　紀念牌
站在風聲雨聲與落葉聲中
　　　　　繼續聽

聽到土地都昏睡過去

　　歷史醒不過來
最後總算聽到
遠遠傳來一聲
　　主！阿門

一九九一

【賞析】　這個世界一直都不安寧，大小戰爭從來就沒有真正停止過。羅門對戰爭有一種特殊的關注，常常將其融入筆端化爲詩行（他的名篇「麥堅利堡」和「彈片‧TRON的斷腿」等就是其中引入注目的實例）。這首詩以「說話」、「續話」這種最常見的生活行爲作串連，表達自己對「世界戰爭困擾」的看法。「子彈與炮彈從傷口說話」、「由傷口以對話的方式來說」這種「槍炮的對話」實際是血我相見、是血腥的相互屠殺，與聯合國安理會裏那種「說話」（永無休止的發言和辯論）形成鮮明對照，上帝也只有到了戰爭帶來死亡時才肯表示一下憐憫，讀者從這樣的描寫中，可以看到當今世界上戰爭的殘酷，聯合國的無能和宗教的虛僞，進而去探索對待戰爭的正確態度。

世界性的政治遊戲

「他」用左眼擊打他的右眼
　　　　　　　出淚
他用右眼擊打「他」的左眼
　　　　　　　出淚
「他」用左心房擊打他的右心房
　　　　　　　　出血
他用右心房擊打「他」的左心房
　　　　　　　　出血
於是無數的「他」和他
　　　左右眼都流淚
　　　左右心房都流血
結果「他」與他
　　同是一個人

【賞析】　這是一首寓莊於諧、頗具哲理的小詩，讀後使人深思。
自有人類以來，就有戰爭，千百年來，延綿不斷，戰爭給人類帶
來巨大的痛苦與災難。本世紀中，除兩次世界大戰外，區域性的
局部戰爭從來就沒有停止過，現代化的戰爭給人們造成的災難確
更為深重。人們呼籲和平和理智、反對戰爭和暴力，願生活在地
球村裏的全體村民們（即全人類）世世代代友好相處。羅門的這
首詩正是在宣揚這樣的思想，詩中的「『他』」和「他」代表對
峙雙方，「左」和「右」可以包括諸如激進與保守，進攻與防禦、

先進與落後等等概念，而「出淚」與「出血」是人類因戰爭而經受痛苦、災難和死亡的具體化。而這種痛苦和災難，並不因發生戰爭的時間、地點起因，或參戰雙方的意識形態而有所轉移，這就是詩中所呈現的嚴酷現實：無數的「他」和他，／左右眼都流淚，／左右心房都流血。從這個觸目驚心的意象中引出的結語足可振聾發聵，使人深思：結果「他」與他／同是一個人。古今中外的歷次戰爭中，必欲置對手於死地而後快的對立雙方，都因屬於人類的一份子，同是生活在地球村裏的村民，爲著共同的幸福和未來，人類沒有理由自相殘殺。這首看似詼諧，由簡單而常用的意象（眼、心房、淚、血等都是常用詞，在詩中更可算是幾起俗爛的意象，寫成的小詩卻具有十分深刻的道理。由膚淺到深刻，由俗爛到新穎、由詼諧到莊重，是詩人的藝術構思實現了這樣的變化。

5.都市篇

生存！這兩個字

都市是一張吸墨最快的綿紙
寫來寫去
一直是生存兩個字

趕上班的行人
用一行行的小楷
　　　寫着生存
趕上班的公車
用一排排的正楷
　　　寫着生存
趕上班的摩托車
用來不及看的狂草
　　　　寫着生存

只為寫生存這兩個字
在時鐘的硯盤裏
幾乎把心血滴盡

【賞析】　大都市的街道上，行人熙熙攘攘、車流永不止息，大都市裏的上班族，總是行色忽忽、忙著趕路。詩人把這一幅人們司空見慣的場景用「書法」來作比喻，就顯得構思新穎、不落俗套。如果用小楷比行人，用大楷比公共汽車和電車，那麼，在大

街上穿梭疾馳的摩托車自然就是狂草了，如果僅止於此，新則新矣，卻未見深意，詩人用了排比句，說無論是什麼字體，「寫來寫去」，都是「寫著生存」、「一直是生存兩個字」，這就賦予「書法」這個比喻以深刻的含義了：忙忙碌碌、終日辛勞，只是為了求得溫飽和一塊栖身之地，這也暗示著生活的艱辛和社會的無情。最末一節，「只為寫生存這兩個字／在時鐘的硯盤裏／幾乎把心血滴盡」具有警策（epigram）的意味，「時鐘」這個意象，使人自然聯想到「趕上班時間」、「工作時間內不敢鬆懈」、「日復一日的上班，歲月催人衰老」等，而詩人把時鐘比作硯盤，把蘸墨汁運筆比作滴盡心血，是一以貫之，繼續沿襲著「書法」這個總的比喻，聯繫到第一行「都市是一張吸墨最快的綿紙」，就應當解釋成「都市是一塊吮吸工薪所屬人士心血，催他們過早衰老的地方」。在這首結構嚴整，首尾呼應的詩中，詩人的構思始終圍繞著「書法」這個比喻生發開來，卻又不露雕琢或湊合的痕迹，在精巧的構思中使讀者體會到他對都市生活那沉重的喟嘆。

都市　方形的存在

天空溺死在方形的市井裏
山水枯死在方形的鋁窗外
眼睛該怎麼辦呢

眼睛從車裏
　　方形的窗
　　　　看出去
立即被高樓一排排
　　　　方形的窗
　　　　　　看回來

眼睛從屋裏
　　方形的窗
　　　　看出去
立又被公寓一排排
　　　　方形的窗
　　　　　　看回來

眼睛看不出去
窗又一個個瞎在
　　　方形的墻上
便只好在餐桌上

　　　　在麻將桌上
　　　　找方形的窗
　　找來找去　最後
　　　　全都從電視機
　　　　方形的窗裏
　　　　　　逃走

【賞析】　在現代的大都市裏，人口密集、住房擁擠，空氣不如
農村清新，人情也遠比在鄉村淡薄，人的心靈和活力在這鋼鐵和
水泥建成的高樓大廈包圍中被禁錮、被窒息。在中國傳統文化中，
圓形象徵著團圓、圓滿、融洽等，與之相對，在羅門的詩中，方
形就象徵著禁錮和窒息，連遼濶的天空和原野都被都市這個方形
的存在吃掉了。第二、三節中，眼睛從方形的窗看出去，「立即
被高樓（公寓）一排排／方形的窗／看回來」，是說生活在都市
裏的人缺乏相互的交流與理解，處於人際關係隔漠或對立的狀態
中，人們在如鳥籠般狹窄的市井、公寓中生活，找不到出路，只
好在吃喝玩樂中去尋求慰藉和解脫，然而不幸的是，餐桌、麻將
桌也都是方形，意味著那些是另外一種形式的禁錮與窒息。是的，
都市裡還有相當普及的電視機，屏幕上會出現天空、原野、山水
這些並非方形的景觀，讓人感受到一些輕鬆與親切，但是，電視
機的屏幕仍然是方形的，這些讓人感受到輕鬆與親切的景觀僅是
短暫的、虛假的，最終逃不脫受方形的束縛，人要是想藉此來逃
離禁錮和窒息，只能是一種實現不了的願望。這首詩以「方形」
這個象徵貫穿始終，精心選擇和安排若干種確實呈方形的物體，

並使詩帶上象徵意義，成功地描寫出現代化大都市扭曲人的心靈
這一社會現象。

都市的旋律

綠燈亮
紅燈閃
車來車去
　車擠車
人來人去
　人擠人

快快快
快入快車道
慢慢慢
慢入斑馬線
攢攢攢
攢入地下道
爬爬爬
爬上行人橋
腳懸空
手懸空
目與天空一起空

短裙飛來隻隻鳥
長裙飄來朵朵雲
腰不扭動　河會死

胸不挺高　山會崩
眉不畫濃　月會暗
唇不塗紅　花會謝
一滴香水　一池春
一個眼波　滿海浪
蕩蕩蕩
長髮長街一起蕩
流流流
流行歌排水溝一起流
追追追
機車公車火車一起追
咔嚓咔嚓　跑來藍哥兒
唏哩嘩啦　奔來牛仔裝
敲敲打打　衝出四聲道
要聽　耳與喇叭一起叫
要看　目與櫥窗一起亮
要知道下午　去問咖啡
要認識夜　去問酒
要了解床　去聽電子琴
要抱得緊　去找黛恩芬
要通通打開　去拉YKK
要什麼都記不起　把鈔票丟下
　　　　　　去你的

　　要再見　不找昨日
　　要再見　找明天
　　要再見　找後天

一九七六

【賞析】　　據羅門自己說明：「這首詩是爲配合作曲家李泰祥所製作的現代敲打樂而作，著重於都市生活的節奏與律動感；從都市的動面與現象，直接捕捉都市的實體。」他爲此而進行的實驗可以說是成功的。都市的節奏和律動，緊湊而快速，有時甚至是跳躍的，這首詩（尤其是頭兩節十七行）有大量短促、有時顯跳躍式的句子，加上重複出現的詞彙和句型，確能使讀者感受到現代化大都市的節奏與律動。大都市的景觀，光怪陸離，令人眼花繚亂，在此詩中（尤其後半部分），羅門用羅列和排比的手法，以諷刺的語氣，力圖將都市那光怪離奇的景觀呈現給讀者，使讀者能夠透過這些「動面與現象」、「捕捉都市的實體。」按羅門「三個自然」的理論，全詩當然主要是在表現「第二自然」（現代社會中人的生存空間），但在詩中第十八至二十五行，他都安排了「第二自然」與「第一自然」（原始的大自然景觀）的比較與對立，後者包括：鳥、雲、河、山、月、花、池、海等，從語含調侃的詩行裏，我們能夠感受到他對「第一自然」的依戀和對「第二自然」的不滿，聯繫到詩人的其他詩作，（如「都市、方型的存在」、「生存！這兩個字」、「出走」等），這一點可以看得更加清楚。在這金錢萬能，唯利是圖的都市裏，人們或爲了生存，或爲了賺錢，想著來日的變數與艱辛，在緊張的拼搏著；

對昔日的懷念，對傳統的尊重、溫馨的親情與友誼，都非常淡漠，甚至蕩然無存了。詩的結尾「要再見　不找昨日／要再見　找明天／要再見　找後天／活似平淡，實則有深刻的意蘊。

咖啡廳

一排燈
　排好一排眼睛
一排杯子
　排好一排嘴
一排椅子
　排好一排肩膀
一排裙子
　排好一排腿
一排胸罩
　排好一排乳房

一排眼睛
　排好一排月色
一排嘴
　排好一排泉音
一排肩膀
　排好一排斷橋
一排腿
　排好一排急流
一排乳房
　排好一排浪
　　　夜

便動起來

【賞析】　這首詩寫都市的夜生活，都市裏的人一般白天上班都很緊張，忙於工作，下班後晚上出去消遣，咖啡廳是他們常去的地方。這首短詩是以現代派的手法寫出詩人在咖啡廳裏的所見所感。全詩只有兩節，竟用了十個近似機械的排比句式「一排……／排好一排……」在第一節裏是「一排A／排好一排B」A是無生命體，B是自體部位，這一節是寫美，寫咖啡廳裏所見。到第二節，其結構是「一排B／排好一排C」詩人巧妙地把第一節中的B全部照移到第二節裏，又用超現實的手法安排了五個無生命的C，都是詩人的想像或聯想，是不真實的，這是寫他對咖啡廳的感受。像這種一連十個機械重點的排比句式最容易使讀者感到沉悶、乏味，減少甚至喪失繼續讀下去的興趣。但羅門在此詩中，在看似機械重複的句式中，將無生命體與生命體，又將生命體與另一組無生命體，還將真實與想像所見與所感等，都巧妙地組合起來，增加了詩的情趣。最後兩行「夜／便動了起來」，雖然很短，卻對全詩起到了畫龍點睛的作用，因為有了上述那一切，才使得這都市的夜生活顯得生動有趣、富有魅力，要是沒有這兩行，詩味就大大減少了。

餐　廳

滿廳的頭
飄空成節日的氣球
眼睛圍着看
　一幅一幅悅目的畫
直至把畫廊快擠破了
　　才發覺那是腸胃

一刀下去　　若是一條閃亮的河
　　　　　　　　必有魚在
一叉上來　　若是魚
　必有歲月游過來
如果雙筷是猛奔的腿
　　必有飢渴的噪叫
　　　　　　在荒野上
要是田園已圓滿在盤裏
　必有兩排牙齒在痛咬着
　　　　大地的乳房

【賞析】　　這首以現代派手法寫成的小詩通過對饕餮之徒的刻畫
表達了詩人對現代社會破壞自然生態的批判態度。第一節是以超
現實的技巧處理的，一盤一盤色、香、味兼具的山珍海味被說成
是「一幅一幅悅目的畫」（對照第二節中「田園已圓滿在盤裏」，

田園風景畫應該是賞心悅目的）。餐桌和腸胃的容量都是有限的，正如畫廊對畫來說也是容量有限一樣，在這裏，詩人使味覺和視覺相互溝通、相互珍惜了。在第二節中，詩人沿著第一節中「悅目的畫」生發開來，列舉了一系列自然景物（或許就是那一幅幅畫面上的自然景物），「閃亮的河、魚、荒野、田園」，這些又都被緊密地跟進滾動作聯繫起來，使讀者產生出「享用山珍海味就是在消耗自然資源、破壞生態環境」這樣的強烈印象。末兩行「兩排牙齒在痛咬著／大地的乳房」是使人觸目驚心的意象：大自然養育了人類，人類卻在粗暴地對待大自然，這樣的現象應當受到批評，得到制止。

車　禍

他走着　雙手翻找着那天空
他走着　嘴裏仍吱唔着炮彈的餘音
他走着　斜在身子的外邊
他走着　走進一聲急剎車裏去

他不走了　路反過來走他
他不走了　城裏那尾好看的周末仍在走
他不走了　高架廣告牌
　　　　將整座天空停在那裏

一九七五

【賞析】　這首詩寫一個老兵，他沒有死於戰爭，卻因在都市裏生活無著、神情恍惚而慘遭車禍而送命。詩中首尾兩句中形成呼應的「天空」是具有象徵意義的，代表著老兵戰爭時期所經受苦難的回憶和在現實生活中所追求的東西，「雙手翻找天空」表示他不忘過去的艱難時代在現實生活中所追求的，而「將整個天空停在那裏」，是說他的回憶已告結束，他已經永遠得不到自己追求的東西了，「吱唔著炮彈的餘音」表示老兵的悲劇是由時代造成的。「走進一聲急剎車裏去」是將動覺、視覺和聽覺產生的印象濃縮在一行詩裏，也呈示他走進死亡，使人觸目驚心。第二節頭兩行中「路反過來走他」、「城裏那尾好看的周末仍在走」，是在揭示現代都市的冷漠與享樂，對下層人的生死是不屑一顧的。

最後兩行中，「高架廣告牌」象徵著都市的虛偽與浮華，聯繫到上文對「天空」一詞所具象徵的意義的分析來看，詩人是用這樣的意象來表示：老兵遭此慘劇，並不是偶然的，現代大都市在繁華熱鬧的外表下掩蓋著唯利是圖和人情冷漠，正是都市這種虛偽的本質注定了，老兵永遠得不到他所追求的，只能是以悲劇結束他的一生。

電視機

入晚
眼睛都急着趕回家
小小的十六吋的家
　是一座水晶大廈
　　較星空明麗
　　較天空迷你

要笑開來　有開心果
要哭下去　有滴滴酸
要親　有密絲佛陀的彩色唇
要愛　有愛蓮那樣的芳心
要跳　讓迪斯可去跳
要飛　讓鳳飛飛去飛
要靈魂燦爛　把銀河星光都點光

一九八〇

【賞析】　在現代都市裏，人們白天上班時緊張地工作，晚上需要放鬆、休息，但住在高層公寓裏的居民們很少相互來往，夜總會和歌舞廳畢竟不是公眾經常光顧的場所。所以，電視自然就成了多數城市居民不可或缺的東西，作爲現代化科學技術成果的電視，眞可謂是包羅萬象、無奇不有，第二節中不厭其煩的羅列各種各樣的電視畫面（包括商業廣告）就是在表達這樣的意思。其

中，「滴滴酸」和「開心菓」是臺灣電視上食品廣告中的常用詞話，「愛蓮」和「鳳飛飛」是臺灣電視大捧特捧的歌星。所以詩人說一臺小小的十六吋的電視機「是一座水晶大廈」，維繫著萬千觀衆的喜怒哀樂，甚至能讓他們「靈魂燦爛」，聯繫到詩的開頭處，把電視機說成是「十六吋的家」、「眼睛急著趕回家」，實際上是爲了急著趕回去看電視。電視固然傳達出許多有益的信息，但不可否認，當今的電視，商業化氣息太濃，廣告充斥螢屏，在一些地方還有色情暴力的鏡頭，在這種情況下，把電視視爲精神歸宿的「家」，甚至可使「靈魂燦爛」，實際上是詩人對社會，在民衆忽視或輕視嚴肅文藝作品的一種含蓄的諷刺和批評。

摩托車

　　從二十世紀手中
　　　揮過來的一根皮鞭
　　　　狠狠地鞭在都市
　　　　　撒野的腿上

　　一條條鞭痕
　　　是田園死去的樹根
　　　　乾掉的河

　　　　　　　　一九八〇

【賞析】　摩托車是現代工業文明的產物，而田園上的樹木和河流則是大自然的常見景物，兩者分別代表著羅門詩歌理論中的「第二自然」與「第一自然」，在都市本來就擁擠不堪的街道上疾馳而過的摩托車越來越多，造成噪聲、污染、車禍等多種問題，所以詩人說疾馳而過的摩托車像狠狠抽打都市的一根皮鞭，給都市帶來麻煩和痛苦。摩托車馳過的軌迹就像留在都市身上的鞭痕，縱橫交織，卻使詩人聯想起同樣是縱橫交織的樹根和河流，在高速發展的現代工業文明的進迫下，環境受到污染生態平衡被打破，昔日安適恬靜的田園生活再也不存在了，詩人對此感到深深的惋惜。

「世紀末」病在都市裏

先是銅從銅像裏走回五金行
　　夢娜麗莎嘴上畫上鬍子
然後是上帝問自己從那裏來
最後是鞋問路
　　　　路向方向
方向問進了一盞快熄滅的燈
　　　　　　關上門來睡
　　　　　　　等天亮

過去的過去的過去　呼呼大睡
未來的未來的未來　呼呼大睡
現在　　　夾在中間　　睡不着
　　　　　　　　便蹓跑出去

直跟着失眠的都市
　　　一起抽煙喝酒
　　　一起看裸體畫
　　　一起卡拉OK
一起張大眼睛
倒在興奮劑與安眠藥裏
　　　　　翻來覆去

一條不帶岸的船

飄航在起伏的海上

一九九一

【賞析】 這是一首以後現代主義（post-modernism）手法寫成的詩，所諷刺和批評的，正是當今社會上的後現代主義文化現象。後現代主義是本世紀中葉在歐美出現的一種文化思潮和文藝流派，其主要特徵有：既承接又相異於正統的現代主義其哲學基礎是薩特、海德格爾等人的存在主義，否定傳統模式，盡力摧毀一切「中心」和規律，其文學作品不在乎有無意義，有時乾脆就是反意義、反解釋、甚至反形式、反美學的，所表現的生活具有明顯的荒誕性。在文學領域的代表人物有巴思、納波科夫、貝克特、品欽、D. M. 托馬斯等，他們的作品，不同程度地帶有上述特徵（貝克特的荒誕劇《等待戈多》就是其中的著名例子）羅門的這首詩也體現了這樣的特徵：有許多荒誕或朦朧的描述，初讀時難於索解。但我們如聯繫到當代資本主義社會否認傳統模式和道德規範，一方面，前所未聞的思想觀念層出不窮，令人眼花撩亂，另一方面，人們對前途感到茫然，不知道何去何從，越臨近本世紀末，這樣的情況越明顯，社會生活和人的思想觀念中必然會由此產生許多不符合客觀規律、不符合邏輯的東西，這就是羅門詩標題中的「世紀末」病。羅門詩中用荒誕和朦朧的描述來反映這樣的社會，是符合文藝創作規律的「真實」。詩中所描寫的「現在」睡不著，「倒在興奮劑與安眠藥裏／翻來覆去」暗示詩人指認他所處的患「世紀末」病的都市之惶惑與不安，最末兩句「一條不帶岸的船·飄航在起伏的海上」是說在這個不安定的世

界上，這荒誕的社會、患病的都市不知道要變成什麼樣子，人們
對此感到茫然。

二十世紀生存空間的調整

公寓與鄉居
坐在高速公路的兩端
　　　　　瞪目相看

這樣僵持下去
倒不如緩和下來
因為山有山頂
　　樓有樓頂
天空不讓給誰
　　不高給誰
　　　　都不成
那是鳥與飛機
路過那裏說的

往後的日子
只要高速公路
　一直在通車
便有人帶着田園進城
　有人駕着都市入鄉
泥土與地毯既已走進
　　　　同一雙鞋
風景與街景既已美入

　　同一雙眼睛
大家又天天擠在電視機上
　　　　彼此不認識
　　也會越來越面熟

　　　　　　　一九八三

【賞析】　這首詩寫城市與鄉村的對立和關係調整，題目雖大，但卻寫得生動有趣。在第一部分中，先將城市與鄉村具體化爲「公寓與鄉居」，再將其擬人化爲「坐在高速公路兩端／瞪目相看」的僵持雙方，這就把兩者之間相互對峙、互不相讓，互不融匯的狀態十分生動地表現出來。第二部分講關係調整，隨著社會的發展、交流的增多，共同的關注（如電視內容）由少到多，僵持的雙方開始有了交流和融匯，詩中用「泥土與地毯」、「風景與街景」來概括雙方的特徵，用「帶著田園進城」、「駕著都市入鄉」來表示這種交流與融匯，詩結尾處，「越來越面熟」跟開願的「瞪目相看」形成一種有趣的對照，應該說，這就是詩的標題「二十世紀生存空間的調整」的具體內容。同時也已顯示後現代將都市與鄉野的空間解構的意圖。

6.世相篇

三座名山

　　自從大自然的山水
　　　交給大廈的盆景收養
　　人們一早打開鋁窗
　　悠然見不到「南山」
　　　　便趕往證卷行
　　　　　爭先擁後
　　　搶着看「金山」
　　一回首
　　背後是跟着槍聲過來的
　　　　　「長白山」

　　　　　　　一九九〇

【賞析】　在唯利是圖、紙醉金迷的現代都市裏，陶潛那種「採菊東籬下，悠然見南山」的閒適境界只能是一個不可能實現的夢想。人們為了賺錢、發財，紛紛擁到證卷交易所，詩中「搶著看『金山』」用的「看」字，把都市人那種急迫、猶豫、或因資金不夠只能旁觀的複雜心態表現出來了，這也就是羅門詩歌理論中「第一自然」與「第二自然」的對立與衝突，在現代都市生活中，無疑只能是後者占據壓倒優勢。最後之行是寫在這樣的環境中，在發財贏利的背後，是跟著槍聲過來的「長白山」，象徵著有被強盜勒索的危機。全詩以「山」作串聯，以諷刺的筆調寫出現代人在都市裏的三種境況：內心的「南山」境界，已經無人看了，

而唯利是圖的「金山」，大家都搶著看，一旦發財致富，就有可能被強盜劫匪打劫勒索之慮。」

瘦美人

她站着
一根直軸
把眼球與地球一起轉
　　　　直到她走動

她走動
一縷飄煙
把曠野幽美的臥姿
　遠方溫婉的睡態
　　都先描了出來
　　　等着她臥下

她臥下
一條水平線　游在海上
擺盪成曲線　是江
起伏成弧線　是月
伸展成直線　便月湧大江流

【賞析】　以描寫現代工業文明的大都市著稱的美國現代詩人桑
德堡（Cam Sandburg, 1878-1967）是這樣描寫都市的：「全
世界的屠夫、工具商、小麥倉，／擺弄鐵道的魔術師，／全國的
運輸大王，／肩膀寬潤的都市啊，／暴燥、粗獷喧囂吵嚷」（引

其長詩「芝加哥」）是一副粗獷雄健的男子形象，甚至有論者以為巍然矗立在都市裏的巨廈與高塔，正是男性陽剛的象徵（見林耀德「在文明的塔尖造塔」）。如同世間萬物須相反相成才會富有生機與活力一樣，那粗獷陽剛的都市裏　然還有細膩陰柔的美，羅門在這首詩中所描繪的、女性的身姿與動態便是屬於這後一種的美，唯其如此，這現代化的大都市才會顯得多姿多采、生氣勃勃。全詩三小節之間是用「頂眞」手法銜接的「走動」作第一節結尾和第二節開頭，「臥下」作第二節結尾和第三節開頭）。第一節寫都市女郎站立的靜態，以「一根直軸」作比喻，第二節寫她走動的動態，以「一縷飄煙」作比喻，都很生動形象，如果到此為止，其形象仍嫌單薄，第三節寫她兼具靜態動態的臥姿，在技法上就更進了一層，用「線」作比喻用排比結構，寫一條水平線，「擺蘯成曲線／起伏成弧線／伸展成直線」，同時，分別以「江、月、月湧大江流」這些富含情韻的意象作為隱喻，在節奏上從緊促到舒緩，給人一種舒暢優美，一氣呵成的感覺置身於由一群群高樓大廈、嘈雜擁擠的地鐵、火車、急馳而過的汽車車流構成的大都市裏，詩人筆下這位都市女郎的身姿儀態非常醒目地為煩躁緊張的都市人展示了一種細膩陰柔的美。

老牌式主婦

在產房
　廚房
　臥房
她走進走出

乳嘴咬去她三分之一
菜刀切去她三分之一
剩下的　用來編綉
　　愛鳳床單

【賞析】　這首小詩所呈現的，是一位完全按照傳統的生活方式
和道德規範安度歲月的家庭主婦形象，她在結婚成家以後，所能
做的一切就是陪伴丈夫、生兒育女和為家人準備飯菜，詩中連用
「產房」、「廚房」和「臥房」三個頗具匠心的意象概括了主婦
的人生歷程，其既準確又凝煉。這樣的形象，跟當今社會生活中
那種精明能幹，出入於各種社交場合的職業型或事業型的女性形
象，形成了十分鮮明的對照。從比較廣濶的角度看，羅門置身於
日新月異、五光十色的現代都市生活之中，對中國傳統的文化精
神和道德觀念是懷想和存疑的，在這首短詩中，就表現出他對傳
統的模式和觀念埋沒女性的才幹和創造力所產生的惋惜之情。

老處女型企業家

把世界存放在銀行裏
用支票支付歲月

她坐在旋椅上
把整座玻璃大廈
旋成一只水晶球
四面八方反射着
　　　太陽的笑聲

帶着笑聲回房
脫下名貴的浪琴錶
時間忽然靜下來
　　　浪無聲
　　　琴也無聲
燈熄後
只有那襲綢質透明睡衣
抱住一個越來越冷感的夜

　　　　　　　　　　一九八三

【賞析】　現代派大詩人 T. S. 艾略特詩中的人物「用咖啡匙把
生活量出」，是說在百無聊賴中打發日子，羅門筆下的女企業家
「用支票支付歲月」，而且「把世界存放在銀行裏」，是表現企

業界成功者的氣度。這兩者都以「化抽象爲具體」的技巧寫成，
其間的聯繫與對比頗值得玩味。第二節以訴諸人的若干感官的意
象來進一步表現女企業家的氣度，如「笑聲」（聽覺）、「水晶
球、玻璃大廈」（視覺）、「坐在旋椅上、把……旋成」（動覺）
等。通過這種全方位式的描寫，那位處於事業巔峰狀態的女企業
家的形象已經躍然紙上。第三節急轉直下，「笑聲」變成「時間
忽然靜下來、浪無聲、琴也無聲（巧妙用「浪琴」名錶）」，「
四面八方反射著」變成了「燈熄後」，「太陽（女企業家）」變
成了「一個越來越冷感的夜」。前後如此鮮明的對照表現出：儘
管女企業家在事業上成功了，擁有萬貫家財，但她沒有家庭、沒
有親人，不能享受愛情和天倫之樂，她的內心世界是寂寞而空虛
的。在這裏，詩人含蓄地表達了這樣的觀念：對於一個人來說，
眞摯的感情和豐富的精神生活遠比金錢財富重要。

ＢＢ型單身女秘書

替公司
記下客戶要的貨色
　　　與交貨時間
她把電話掛上
去接另一個電話
聽見總經理說
下班到玫瑰餐廳去
她對鏡
　塗一下玫瑰色口紅
忽然發覺自己
也是一種貨色
　　　玫瑰色的
　　　準時交貨

【賞析】　這首幽默風趣的小詩以一個小小的側面反映出在都市生活中，金錢慾望與道德貞操之間的關係。在商業活動非常活躍的大都市，女秘書、公關小姐比比皆是，她們的工作是為公司聯絡客戶、推銷商品。但她們中的一些人在金錢與慾望的重重包圍中喪失了道德與尊嚴，異化成了貨物，與推銷的商品一樣。詩人將這種人說成是「BB型」，真是一語雙關，其一是講她們在實際的商業活動中離不開移動傳呼電話，其二是講她們自己就如BB機一樣，無論何時何地，隨時準備聽候老闆的召喚。詩中用

「玫瑰餐廳」、「玫瑰色口紅」、「玫瑰色貨色」也是一種藝術構思，「塗玫瑰色口紅」猶如給一種商品裹上一層美觀的外包裝，「玫瑰」在西方文化中象徵幸福與愛情，詩人用在這裏，是表示在高度商業化的大都市裏，在溫情脈脈的外表下面，掩蓋著金錢萬能、人慾橫流、道德淪喪的醜惡的一面。

都市、摩登女郎

她走在街上
整座城跟着她扭動
沒有不被扭開的

所有的
眼睛為她開
服飾店為她開
花店為她開
套房為她開
酒為她開
支票為她開
她只開開口
她口不開
都市這條主題歌
　　誰來唱呢

【賞析】　在這首小詩中，詩人用誇張的手法和排比的句式對資本主義世界裏紙醉金迷、人慾橫流的大都市生活作了概括與諷刺。走在都市街上的摩登女郎竟然撼動了整個都市：男人們盯著她，無聊之徒吹捧她、討好她，她可以隨心所欲地得到一切，都市主題歌要由她來唱，但不是憑著她的聰明才智，而是靠著她的性感魅力，用道德標準來衡量，這實在是可悲可嘆的一幕，但在資本主義世界的社會生活中，難道不是客觀存在的實際情況嗎？

迷你裙

裁紙刀般　刷的一聲
將夜裁成兩半
一半剛被眼睛調成彩色版
另一半已印成愛鳳床單

就那麼的裁過來
　　　　裁成一九七二年的旋律
就那麼的裁過去
　　　　裁出那條令人心碎的
　　　　　望鄉的水平線
　　　　　　多少日落
　　　　　　多少星墜
　　　　　　多少月沉

【賞析】　這首小詩表現代都市人注視少女的超短裙時所產生的
那種超現實主義的視覺效果，似可在弗洛依德的性心理學說中找
到依據。都市的夜晚，常有一些穿超短裙（迷你裙）的年青姑娘
在街上走過，新奇的樣式、鮮艷的色彩，在夜色中格外引人注目。
所以詩人要將超短裙的裙邊比成裁紙刀，「將夜裁成兩半」，而
「彩色版」和「愛鳳床單（含有性愛）」都是色彩鮮艷的東西。
第一節中寫夜色中的超短裙，真可謂是有聲有色。第二節中的「
多少日落／多少星墜／多少月沉」是描寫都市人看少女的超短裙

時所產生的視覺美感。至於把短裙邊裁成「那條令人心碎的／望鄉的水平線」，應是指現代都市人已是文明的動物，在形而上的世界關閉的情況下，就只好朝形而下的原始的性世界逃遁。全詩對頗具性色彩的現代都市生活提出了微妙的描述與婉轉的批評。

流浪人

被海的遼闊整得好累的一條船在港裏
他用燈栓自己的影子在咖啡桌的旁邊
那是他隨身帶的一種動物
除了它　安娜近得比什麼都遠

椅子與他坐成它與椅子
坐到長短針指出酒是一種路
　空酒瓶是一座荒島
他向樓梯取回鞋聲
　帶着隨身帶的那條動物
讓整條街只在他的腳下走着
一顆星也在很遠很遠裏
　帶着天空在走

明天　當第一扇百葉窗
將太陽拉成一把梯子
他不知往上走還是往下走

【賞析】　這首詩表現現代都市中流浪人飄泊的生活和孤寂的心靈。全詩分為四節，第一節裏，流浪人被比喻成飽經大海風浪之苦的船，這也暗示著流浪人像是個水手，而城市裏的咖啡館或酒吧間就成了他暫時的避風港，首兩行都是倒裝句式（按正常語序

應是「港裏有一條船曾被遼濶的海整得好累」、「他把影子用燈栓在咖啡桌旁」）突出了「海之遼濶」和「栓影子」的動作，且使句子富有韻味。浪人只有自己的影子與之相隨，詩人將他的影子比成緊隨主人的小動物，新穎貼切。「安娜」泛指酒吧間的吧女，「近得比什麼都遠」是典型的「悖論」語言，意為用錢可以買到吧女的歡笑甚至肉體，卻永遠買不到對精神上的慰藉。第二節首兩行是說流浪人長時間地獨坐獨飲，試圖在飲酒中尋求慰藉，似乎自己都成了和椅子一樣無生命的呆板東西，「荒島」的意象在暗示著這種自我沉淪的道路是沒有前途的，「向樓梯取回鞋聲」暗指他是最後一個離開酒吧的人。第三節中，「街在腳下走」、「星星帶著天空走」都是違反邏輯的悖論語言，但在流浪人的朦朧醉眼中看這個並不接納他的客觀世界，倒是合情合理的。第四節是對流浪人前途的設想，當生活的選擇擺在他面前，陽光透過百葉窗在牆上印出梯狀的圖案來，是振奮起來、迎向光明，還是繼續流浪、沉入黑暗。在這裏詩人只提出問題，沒有給出答案，他既寫出了流浪人正面臨的困境，又在啓發讀者深思。細讀全詩，可以知道，詩人隱含的答案是正面而肯定的：處於困境中的人不要沉淪頹喪，而應當振作奮發，以自己的辛勤與奮鬥去開創光明的前途。

咖啡情

那個咖啡色鏡頭
　　　屢對準他
好像要拍些什麼
他卻向鏡頭的方向逃
　　　直喊自己是一張漏光的底片

那多數是在下午
同一號碼的巴士
　　在窗外過了又過
同一個名字的他
　　在窗內坐了又坐
當煙霧把窗內窗外朦朧在一起
更看不出齒輪在鐘裏追的什麼
　　　　車輪在街上趕的什麼
原來那個咖啡色鏡頭
　　　只是一只盲睛
　　　除了燈色閃閃
　　　　　眼色迷迷
　　　　　姿色盈盈
　　　　　夜色漾漾
　　　　　都不看

　　　　　　　一九七六

【賞析】 這首詩的主角是現代都市生活中的失意者、失落者，精神無所寄托，只好經常到咖啡廳裡來消磨時光，從他的視角去看那盛滿咖啡的杯子就像一個對準他的咖啡色鏡頭，第二節裏寫他在咖啡廳裏枯坐，單調、重複，容易使人想起海明威的短篇小說名篇《一個乾淨明亮的地方》，小說中那個孤身老人到了晚上，就到小餐館去喝白蘭地，一個人喝到深夜，孤獨寂寞使得他試圖自殺。這首詩也傳達出同樣的情緒與氣氛。但是，咖啡杯只是一只「盲睛」，它看不到失意者的形態，連咖啡廳都是爲那些得意者們安排的，只有在燈色與眼色、姿色與夜色中才格外具有魅力（詩中這幾行的語言安排嚴整而精巧），難怪詩人說，面對那咖啡色鏡頭的失意者只是「一張漏光的底片」，他不能夠在咖啡廳裏找到一塊屬於他自己的固定位置，他也不可能在盛滿咖啡的杯中找到眞正的寄托和慰藉。

送早報者

「昨日」沒有被斃掉
「昨日」坐印刷機偷渡回來了

那是在牛乳瓶的聲響之前
　　　安娜還未游出臂灣之前
他的兩輪車衝在太陽的獨輪車之前
「昨日」像花園被他搬了回來

人們的眼睛擦亮成瓶子
等着插各色各樣的花
文明開的花　炸彈開的花
上帝愛看或不愛看的花

【賞析】　現代都市裏的人們無論工作多忙，都需要了解社會上發生的各種事情，關心自己感興趣的信息，而了解信息的來源，除了廣播電視之外，最主要的還是報紙。這首詩將抽象的「昨天」擬人化了，首二句用「斃掉」和「偷渡」十分醒目，意為「昨天」並未成為歷史，一去而不復返，而是經過採訪、加工、增刪、編輯、再由印刷機印在紙上，由送早報者騎著自行車趕在太陽尚未升起、瓶裝牛奶快要送來、妻子還在丈夫懷抱著酣睡之際送到訂戶門口，這第二節詩寫都市清晨的情景和氣氛，十分精妙傳神。第三節，將讀早報者的眼睛比喻成花瓶，像等待著插花一樣想要

看昨天世界上發生的事情，「文明開的花」包括藝術、體育、文化交流，也包括人口爆炸、環境污染、防治艾滋病等等，「炸彈開的花」則包括戰爭、暗殺、恐怖主義和反恐怖行動等等，當讀者瀏覽報紙時，五花八門的消息一齊向他湧來，當花束插進花瓶時，花瓶又怎麼能夠有選擇的自由呢？詩人用「上帝愛看或不愛看的花」來作結，是恰到好處：對世界上人的所作所為，連上帝也感到無可奈何，聯繫到上文中的「文明開的花」和「炸彈開的花」，十分言簡意賅，正印證了古代詩論中所謂「片言明百意」。

老法蘭德

　這條路　　不裝置風景
　鐘擺來回的獨腿也飛不起來
　　　人們外出　　總是把別人愛聽的話
　　　如舊衣服晒在嘴的露台上
　總是帶着那破洋傘似的笑　　張開又收起
　僅為一些劣等煙草與一盤便餐的叫喊
　老法蘭德坐在公車上　　已可繞地球不知多少回了
　他大半生也交給守墳的人
　　　一台舊印刷機　　今天翻印昨天
　一雙抖手在黑暗中摸不着範圍
　老法蘭德昏暗的雙目　　如老站長的手提燈
　在雪夜裏靜候最後一班車入站

　　　　　　　　　　　　一九五八

【賞析】　　這首詩寫城市中老人的孤獨與寂寞，在唯利是圖，親情淡漠的現代都市中，虛偽矯飾、世態炎涼是普遍現象，孤獨老人得不到溫暖和關懷，年復一年乘公交車外出謀生，一直朝著人生的盡頭走去。這首詩在技巧上，使用了若干個比較貼切新穎的比喻，如將虛偽的笑容說成「破洋傘似的張開又收起」把虛假的恭維話說成是「如舊衣服晒在嘴的露台上」，形容城市中孤獨老人的生活之困燥乏味，是「鐘擺來回的獨腿」、「一台舊印刷機／今天翻印昨天」，最後兩行「老法蘭德昏暗的雙目　如老站長

的手提燈／在雪夜裏靜候最後一班車入站」，這個比喻是詩人的
匠心所在，最後的一行就有三層意思，一是描述，寫老人在晚上
等班車回家，二是比喻，是說老人昏暗的雙目猶如等班車入站的
老站長在雪夜裏提著的手提燈，三是象徵，是說老人在孤獨寂寞
中快走到人生旅程的盡頭了，將三層意思融入一行之中，耐人咀
嚼。這首詩屬羅門早期詩作，在構思和語言上都是傳統的路子，
「比喻」是中外文學中最古老、最普及的技法之一，所以運用嫻
熟，而現代派種種變幻離奇的手法，在他此時的詩中，似乎尚未
露出端倪。

地　攤

是誰沿着我住的
　　　　那條街巷
劃着兩條色彩鮮明的
　　　　　生命線

盡管被烈陽溶掉
　　被大風刮掉
　　被雨水沖掉
它仍在次日的晨光中
　　　　亮成兩根弦
　把整條街巷
　　又拉成那條大家唱的歌
也許我的眼睛住在四樓
　　　　高過了那歌聲

只看到一幅畫
　　　　畫中一群走索人
　　　　趕着烈陽
　　　　　趕着風
　　　　　趕着雨
　　　　　趕着路

　　　　　　　一九七六

【賞析】　　羅門不愧是位詩壇高手，城市街巷邊那嘈雜零亂的地攤也成了他筆下的題材，居然寫得有聲有色、頗富詩意。對沿著街巷兩邊連成串的地攤，詩人先將其想像成兩條色彩鮮艷的線，又想像成兩根琴弦，在清晨引著大家唱歌（吆喝叫賣或討價還價），繼而又想像成一幅市井風俗畫，至此，讀者對那街巷中的兩排地攤已經有了比較鮮明的印象。詩人寫道，那兩條線，儘管會被烈日溶掉、被風雨沖刷掉，但在次日仍會出現，詩人將這兩條線稱作「生命線」，稱畫中人是一群「走索人」，趕著烈日和風雨，在「生命線」上艱辛地邁步，這表示，這些地攤的攤主，為了生存，為了生活，頂烈日，冒風雨，堅守著自己一方小小的地攤。透過這幅市井風俗畫，詩人表達了自己對富豪們不屑一顧的地攤的喜愛之情，也表達了對包括地攤攤主在內的社會「草根階層」的同情和憐憫。

教　堂

那是一部不朽鋼洗衣機
經過六天弄髒的靈魂
禮拜日都送到這裏來受洗

唱詩班的嘴一張開
天國的電源便接通了
牧師的嘴一張開
水龍頭的水便滾滾下來
在佈道詞迴蕩的聲浪裏
受洗的靈魂，漂白又漂白
如果有什麼不潔的
便是自目中排出去的那些
　　不安與焦慮　　迷惘與悔意
於謝恩放進奉獻袋
　　　　領出自己之後
那個潔淨的挺挺的靈魂
　　　　又向六天走去
向灰塵滾滾的大街走去

一九七六

【賞析】　這是一首調侃意味甚濃的社會諷喻詩，原本神聖肅穆的教堂被寫成是一部洗衣機，第二節中，教堂中常見的「唱詩班

的嘴、牧師的嘴和佈道詞的聲浪」都圍繞著這一核心比喻，被寫成了「電源打開、水龍頭的水滾滾而下，漂白又漂白」，在結構上貼切緊密，又豐富和增強了「洗衣機」這個主意象，原本應是「淨化感化」人的靈魂的教堂，在詩中成了「洗滌、漂白」人的靈魂，這中間的差異頗值得玩味，暗示著詩人對教堂的懷疑和嘲諷。這首詩還運用「具體化」的手法，將人們在都市生活中淪喪的道德和被污染的靈魂寫成像穿髒的衣服一樣可以放進洗衣機去洗和漂白，這使人想起詩壇大師T. S. 艾略特的名句：「我感到了你們潮濕的靈魂／在地下室前的大門口沮喪地發芽」（《窗前晨景》），也是用「具體化」手法來描寫人的靈魂，具有異曲同工之妙。此詩涉及都市，僅有「灰塵滾滾的大街」，「又向六天走去」，未作正面描寫，但都市生活中那種欺詐與虛偽，爲追求物質享受而不惜一切手段等弊病都已經使讀者感受到了，而這些都市的固疾，正是使有些都市中人靈魂墮落的根源。

禮拜堂內外

禮拜日
人們愛擠進禮拜堂去量到天國的路
而迷你裙短得只要一兩步路便到了

迷你裙短得像一朵火花
一閃　整條街便燒了起來
行人發呆成風中的樹
而打對街過來的柯神父
誰知道他雙目提着兩桶水
　　　　　還是兩桶汽油

　　　　　　　　　　　　一九七〇

【賞析】　禮拜堂意味著神聖莊嚴，而迷你裙卻容易使人聯想到
輕浮與色慾，本詩以這兩個對照鮮明的意象寫人們在禮拜堂內虔
誠地測量著去天國的神聖道路，而在禮拜堂外面的街市中的路上，
少女的迷你裙卻使行人看得發呆，禮拜堂內外的反差是如此之強
烈！更妙的是，趕來禮拜堂給人們指引去天國道路的神父，也被
迷你裙撩撥得慾火中燒，聯繫到羅門寫的類似題材的詩「教堂」，
那裏面說，爲了將人們「經過六天弄髒的靈魂」，在禮拜日的教
堂裏清洗漂白，「牧師的嘴一張開／水龍頭的水便滾滾下來」，
據此，神父上禮拜堂司職，是應當提著水去的，而在此詩中，神
父究竟是提兩桶水，對著迷你裙；還是兩桶汽油，要燒旺他自己
和街上行人的慾火。詩人對當今社會的風氣，作了辛辣的諷刺。

都市與粽子

正在吃粽子
一顆落日淙的一聲
　　　　掉下去
回聲若來自汨羅江
粽子的味道
便會格外的鹹起來
是誰在江中加進了淚

那才不會是淚呢
加在牛排上的是醋
加在魚排上的是檸檬汁
酒與咖啡喝過之後
夜便把她抱進電子琴
　　莫名其妙的笑起來

歷史美在傳說裏
傳說熱在蒸鍋中
那隻粽子只好又回到
　　　一堆糯米裏去
今夜詩人在燈下
　　　　又該寫些什麼
當人們往泰國浴缸裏跳

那些水珠
會是江面上的浪花嗎

　　　　　　　一九八二

【賞析】　端午節吃粽子，緬懷憂國憂民的大詩人屈原，這已是
中國人的傳統習俗，羅門深深置根於有幾千年傳統的中華文化之
中，就是從粽子的鹹味道中，他也能夠分辨出，那是因爲屈原和
懷念屈原的人們在汨羅江中灑進了熱淚。與之相對的是，生活在
海外的一些華人，包括某些文化人，長年受西方生活方式的影響，
對中華文化、對故土親情都十分淡漠了，對此，詩人只好以調侃
的口吻寫道：「歷史美在傳說裏，傳說熱在蒸鍋中」，不無諷刺
意味。落日掉下去，濺起水花來，這使詩人發出疑問：這濺起的
水花，是來自屈原自沉的汨羅江，還是人們要從中追求舒適的泰
國浴缸？他進而提出質疑，在這傳統與現代、中國與西方等在矛
盾與衝撞中並存於世的時代，詩人應當描寫什麼，抒發什麼樣的
感情？他在詩中沒有給出答案，那應當讓讀者自己去體會、思索，
但是，只要細讀此詩，還是能夠感受到：詩人對追求西方生活方
式，淡漠民族文化的生活方式和創作方向，提出了委婉的感評。

擦鞋匠

他與他的工具箱
坐成 L 型的吸塵器
坐成一小小的沙漠

在風沙裏
他的手是拉不斷的繩索
　將一隻一隻運陽光的船
拉上路時
他已分不出自己的手
　　　　　　　是帆
　　　　還是仙人掌

【賞析】　這首短詩中用了幾個生動傳神的比喻，才使「擦鞋匠」
這個本無什麼詩意可言的描寫對象也成了詩歌的題材。成天坐在
街沿路邊的擦鞋匠，身邊（或面前）放著如影相隨的工具箱，組
成一個大寫的英文字母L，「L型的吸塵器」這個比喻頗為新穎
傳神，既顯現了擦鞋匠的外形，又揭示了他的工作（為顧客去除
皮鞋上的塵土）。一雙雙沾滿塵土的皮鞋經過擦鞋匠的擦拭上油，
變得燦亮閃光，用「運陽光的船」來作比喻，就很形象。擦鞋匠
為顧客解除煩惱，將清潔和美感奉獻給社會，而他自己卻長年坐
在街沿路邊的風沙裏，辛勤地勞作。詩人在有限的詩行中著力刻
劃了擦鞋匠那一雙手，讚揚這一雙手是風帆和「拉不斷的繩索」，

送「一隻一隻運陽光的船上路」，又將這雙手比成沙漠中的仙人掌，粗獷、頑強，給沙漠帶來生機。聯繫到羅門寫的相似題材的詩作，如「馬路工人」、「建築工人」、「玻璃工人」、「礦工──光的牧者」等詩，我們可看到：對於在現代社會中，處於社會層的普通勞苦大眾，由於他們對他人幸福和社會發展所作出的奉獻，和他們在社會上的地位和生活際遇，詩人抱有深切的同情和敬意，所以屢屢在自己的詩作中表現他們、讚頌他們，這在當代的新詩創作中，是難能可貴的。

馬路工人

　　為聽歲月的輪聲
　　他把肉體骨骼
　　　　鋼筋水泥
　　都聯想到路裏去

　　從他手中出去的路
　　每一條都跑來
　　　　千萬條

　　千萬條路中
　　他只記得一條
　　至於通不通羅馬
　　　　到不到天堂
　　他都得在午餐晚飯前
　　收工
　　騎上車
　　　擠進塞車的
　　　　十字路口
　　　　去搶出口

　　　　　　　　　　　一九八五

【賞析】　這首短詩與「建築工人」和「玻璃工人」兩首構成組

詩「都市三腳架」，組詩的這個標題在字面上是表示由三首短詩組成，其比喻意義是這三首小詩猶如是用架在三腳架上的照相機攝下的三個鏡頭，從三個小小的側面來表現都市裏工人的工作和生活。在臺灣詩人的作品中，表現這類題材的不多，由此也可以看出羅門所具有的社會關懷以及他的詩歌題材之廣泛。第一節中「肉體骨骼」和「鋼筋水泥」本是互相對立的概念，但在馬路工人的勞作中卻融爲一體了，這種由「張力」產生的藝術效果是強烈的。「聽歲月的輪聲」是說車輛在修好的馬路上往來奔馳，而工人在築路的終日勞作中日漸衰老。千百個馬路工人的辛勤勞動，使一條條馬路聯成了網、四通八達（「每一條都跑來千萬條」），然而，這暢通的公路網所帶來的巨大經濟效益（「羅馬、天堂」）卻與築路工人完全無關，他們爲生計奔波，爲溫飽辛勞，儘管用自己的勞動建成了公路網，但收工後還是只能騎上單車在擁擠的路上艱難地尋找通道。如果說上文分析過的「肉體骨骼」和「鋼筋水泥」之間的「張力」是由具體的意象產生，那麼，全詩中存在著另外一種「張力」，則是由「馬路工人的勞動成果」和「馬路工人的現實生活」這類抽象概念之間的巨大差異產生的，兩者相比較，後者具有更深廣的意義，更能發人深思。

建築工人

他把樓頂與天頂
　　　不斷拉近
讓發亮的皮鞋們
　　將電梯當天梯
　　　　踩上去

拖着泥漿的雙腳
他不像飛鷹
便從鷹架上
　　　爬下來
　　　同黃昏
　　累着回去

抬頭望高樓
燈光在排着星圖
低頭進土屋
他看自己與
　　米酒鹵菜
在排着昨天
　　　今天　　明天

一九八五

【賞析】　這首詩寫都市裏建築工人的工作與生活，雖然曉暢如話，卻別有意味。第一節中用「樓頂」與「天頂」、「電梯」與「天梯」，精選的字詞頗能收「言簡意賅」、「以少少許勝多多許」之效，不說樓頂漸高，而說「樓頂與天頂／不斷拉近」，是一種詩意的表達，與第二節中「拖著泥漿的雙腳」形成對照的「發亮的皮鞋們」，傳送出詩人對那些出入高樓大廈，想要步步高升的富豪們的幾許譏諷。建築工人可不能登上天梯，步步高升，他們只能在勞累一天之後，在黃昏時節，從鷹架上爬下來，拖著疲憊不堪的身軀回家，尤以「鷹架上」的工人，不是鷹，更妙傳出生存形態的荒謬設造。第三節全部由「對照」（contrast）構成：「抬頭」與「低頭」、「望高樓」與「進土屋」，「燈光」與「米酒、鹵菜」、「星圖」與「昨天、今天、明天」等，通過這一對一對具體的意象，深刻地表現著詩人對建築工人的勞動成果與現實生活、都市裏富裕氣派與貧窮瑣細等之間存在的巨大差異所產生的感慨。

玻璃工人

窗是湖
水晶大廈是海
他不停的造湖
　　　　造海
讓都市划着
　　　　波光
　　　　浪影
走進更輝煌的城

眼睛亮起天國的夜市
有人在歐式化粧鏡中
　看一朵朵明麗
　　飄着香水味
他入睡
也夢見自己的臉
　在自來水中
　沖洗着歲月的落塵

　　　　　　　　一九八五

【賞析】　這首小詩寫都市裏裝修高樓大廈的玻璃工人，他們的辛勤勞動給都市增光添彩，但自身卻際遇不佳，使人感慨。第一節寫玻璃工人的工作，他們給高樓的窗戶裝上玻璃，給大廈裝上

外墻玻璃，詩人用「造湖、造海」來作比喻，讓都市划著湖與海的「波光浪影」，走進輝煌。語言不多，卻把大都市裏一座又一座大廈屹立，閃閃發光，又映出周圍建築這種景觀寫得既溢光流彩、又富有生氣，使人感到大都會的魅力與氣勢。在第三節中，玻璃工人的幻覺與現實生活相互交織，這閃耀著光彩的大都市，自然使人聯想到「天國的夜市」，都籠罩在輝煌而神秘的光影之中，水晶大廈的墻面正像一面碩大的「歐式化妝鏡」，映照出一幢一幢相鄰的大廈，同樣富麗堂皇。然而，作爲藍領階層的玻璃工人卻並不能夠因此而成爲天國的居民，他們在由自己的勞動成果產生出的夢幻境界中沒有忘卻由社會地位所確定的現實生活：下班後只能用自來水沖洗一下勞動中積留的灰塵，而終日辛勤的勞作已經耗去了自己的青春年華，（這裏的「自來水」跟第一節中的湖與海的「波光浪影」形成了鮮明的對照）。而詩中「歐式化粧鏡中／看一朵朵明麗／飄著香水味」表現濃妝艷抹的豪華仕女在鏡中的華貴姿態與用自來水沖洗歲月落塵的玻璃工人形成十分鮮明的對照，產生出強烈的藝術張力。

礦工──光的牧者

推開天堂的另一扇門
　　　　沒有歌聲
　　　　光都在睡
　　　　每走一步
　　　　碰一下壁
頭不斷從岩層中通過
　　　光便一路醒過來

原來你們也是光的牧者
神父穿上黑袍
用十字架收割天堂的光
你們披上最陰暗的土地
把山背成另一座十字架
讓手臂與樹根糾結成荊冠
　　　　骨頭與石頭碰出鐘聲
天堂的光便從你們
　　　　古銅色的臉上
　　　　　　反射過來
鐵錘念着禱詞
汗水流成聖水
世界在受洗
歲月在受洗

　　而洗不掉是你們身上
　　　那些最光潔的黑
　　被電視機看成
　　　另一種煤
　　　另一件聖衣

　　　　　　　　　　一九八〇

【賞析】　羅門觀看了由電視台播放的有關礦山和礦工的記實性紀錄片，礦山坑道的艱苦環境，礦工們的頑強意志和犧牲精神，他們被煤灰和污泥塗黑了的臉龐與軀體，給詩人留下了非常深刻的印象，遂寫下這首詩，謳歌這些「平凡而可敬」的礦工。「光」是羅門詩歌創作中一個主要的意象，往往表示理想的追求，表示對光明的召喚和跟黑暗的決裂，富有濃厚的象徵意義。我們在他寫於不同時期的名篇，如「寂寞的光」、「光住的地方」和「燈屋的世界」等詩中，都不難找到這樣的例證。這首詩中，在本來黑暗陰冷的礦山坑道裏，因爲有了辛勤奉獻的礦工，「光便一路醒過來」，「天堂的光」從他們臉上反射過來，這已經傳達出詩人的讚美之情；而詩人將礦工的勞動跟「神父穿上黑袍／用十字架收割天堂的光」形成對比，使讀者看到詩中以宗教觀照出礦工生命境界的崇高，他們不僅僅在物質方面生產出煤，給人們帶來溫暖和光明，他們還在精神方面，以自己服務社會服務民眾的奉獻之心給人們帶來鼓舞和慰藉；這就超出宗教的說教而有實際感，所以詩人寫道：「鐵錘念著禱詞／汗水流成聖水」世界和歲月都在這聖水中受洗，礦工身上的煤灰和污泥，是「最光潔的黑」，

是「另一件聖衣」，羅門對礦工的勞動和精神，表達了如此高的
敬意和讚美，這在當代的新詩創作中是不多見的。

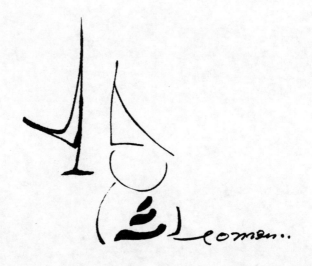

7.閒情篇

鞋

樓梯口的那隻鞋
竟是天窗裏的一朵雲
山遙水遠　雲非樹
水遠山遙　雲非雲
雲只是那條
　永不能定名的路
　　　　鞋也是
　　　　遠方也是
天空裏的那片落葉也是

一九七二

【賞析】　朦朧詩作為現代派詩歌的一個種類，其特點包括：語言不明晰、詞匯和句子的使用偏離常規，思想跳躍，不合邏輯，意思不清楚，有時會讓人產生莫知所云的感覺，或可能有幾種解釋等，但朦朧詩在傳達詩人具有個人特色的內心感受，引導讀者參與詩歌創作（讀者根據自己的好惡和素養對詩作出各自的解釋，詩人並不要求一致）等方面卻具有其他種類的詩歌所欠缺的長處。羅門這首標題為「鞋」的朦朧詩正具有這樣的特點，全詩以「自由聯想」的方式寫成，初讀時似乎不好理解，但細讀之下，則可以看出：詩人由樓梯口的一只鞋聯想到天上的雲（象徵飄泊不定），由鞋和雲聯想想一條「永不能定名的路」（象徵沒有確定中的方向），而「山遙水遠、水遠山遙」，以及「遠方」既指地域上的

遙遠，最後一行中「天空裏的那片落葉」也是比喻飄泊不定。以
「落葉」喻寂寞和失落，古已有之，如「虛房冷而寂寞，落葉依
於重扃」（劉徹）就是一例。我們細讀全詩，可以大致把握詩人
的思路，體會到他的思想感情：回顧人生經歷，想起很遙遠的故
鄉少年事，作爲海外遊子，禁不住產生寂然而悵惘的情緒。而從
更加廣濶的意義上看，是直覺的感悟產生出人類存在於茫茫時空，
飄泊不定的聯想。朦朧詩儘管難懂，但成功的朦朧詩卻具有自身
的魅力，以上的分析或許可看作是例證之一。

窗的世界

窗是大自然的畫框
　也是飛在風景中的鳥

窗在田園　自動裝上遠距離廣角鏡頭
窗在都市　越來越近視
窗在遠方　鳥飛出翅膀
窗舒暢快活時　千山萬水不回首
窗被關發怒時　炮彈洞穿過層層厚牆
窗孤獨無聊時　一面擦亮寂寞的鏡子
窗閉目沉靜時　一口深山裏的古井
　　　　　　附近有人在打坐

　　　　　　　　　　　　　　　　一九九一

【賞析】　「客觀對應」（objective correlative）是現代詩壇
大師T. S. 艾略特詩學理論中的一個重要概念，即「能夠有效地
在讀者心中激起感情反響的一組物體、一種局面或一系列事件」。
羅門的這首詩可視爲這一詩學概念的例證之一，詩中的主意象「
窗」暗指詩人自己的心靈和思想，處於不同場景，懷有不同情緒
的「窗」暗指詩人不同的際遇和不同的心緒，對此羅門分別安排
了不同的「客觀對應」物（如廣角鏡、近視、鳥、千山萬水、炮
彈、鏡子、古井等），而詩中的一組物體（窗）和一系列事件（
裝上廣角鏡、千山萬水不回首、炮彈穿過厚牆、鏡子擦亮寂寞，

有人在深山古井邊打坐等，結合在一起，不妨稱之爲「雙重對應」，能夠更加有效地在讀者心中激起感情反響：廣濶的大自然和自由奔放的思想境界使人心曠神怡、胸襟開濶；喧囂迫狹的都市和受束縛壓抑的思想使人寂寞、惱怒、有人會奮起衝破層層束縛，投進入自由的境界。

先看爲快

黎明用一塊發亮的
　　　　玻璃窗
　　　　圍住我
周圍的黑暗
站在旁邊看

不一會
光衝進來
將我叫出窗外
太陽剛起床
其他的床仍在睡
　　　　愛在睡
　　　　情在睡
　　　都市在睡
　　　世界在睡
尚未啓用的天空
是一幅不沾筆墨的禪畫
太陽蓋下第一個圓印
　　　　叫我先看爲快

—一九九—

【賞析】　這首寫「晨起」的小詩意境清新、語言曉暢，在羅門

現代派色彩甚濃的新近詩歌創作中實不多見。用在詩裏的主要技法有三，均屬傳統，不過富有新意。一曰擬人，如「光衝進來，將我叫出窗外」，「太陽剛起床」，「都市在睡／世界在睡」等，二曰抽象概念具體化，此技法古已有之，如「細雨濕流光，芳草年年與恨長」（馮延巳），「只恐雙溪舴艋舟，載不動，許多愁！」（李清照）羅門在此詩中，更多地是將此技法與擬人結合起來用，即見新意，如「黎明用⋯⋯玻璃窗圍住我」，「周圍的黑暗／站在旁邊看」，「愛在睡／情在睡」等；三曰暗喻，如「天空是禪畫」，「太陽蓋圓印」等。在詩意方面，詩人寫道，「光衝進來／將我叫出窗外」，得以脫離「周圍的黑暗」。描寫和讚美光，是羅門詩歌創作中貫穿於始終的重要題材之一，其名篇包括「燈屋的世界」和「光住的地方」等，在此詩中，他仍然在「光」這個意象中寄托了自己的理想和追求，讚美光召喚他、引導他掙脫黑暗的束縛，走向光明和希望。最後一節用了兩個新鮮的暗喻：「天空──不沾筆墨的禪畫」、「太陽──第一枚圓印」，本屬「第一自然」的「天空和太陽」在詩人筆下得以昇華，成為屬「第三自然」的藝術品了，而蓋上圓印的禪畫，唯其不沾筆墨，方能引發起人們無盡的暇思，一旦擺脫黑暗的束縛和壓抑，面對如朝陽晴空般的廣闊天地，在「眾皆沉睡我獨醒」的狀態下進入這無盡的暇思，這種境界多麼令人神往！我想，這或許就是羅門運用傳統的技法和明白將活的語言傳達出的新意和深意。

晨　起

站在清晨的樓頂上
一呼吸
　花紅葉綠
　天藍山青
一遠看
　腳已踏在雲上
一張開雙手
天空與胸便疊在一起
　　反而較翅膀輕了

此刻要是不飛
鳥那裏來的樣子
遠方怎能用手去摸

【賞析】　這首小詩寫在春末夏初的一天清晨，詩人在樓頂上，感到心清氣爽、心情舒暢，他多想變成一隻飛鳥，展翅飛向那遼濶的大自然。詩中用「一呼吸」、「一遠看」、「一張開雙手」這樣的排比結構將清晨那種清新恬靜的氛圍跟詩人輕鬆愉快的心情結合起來，呈遞進式地表現出來，而其中「花紅葉綠，天藍山青」這樣對仗工穩、節奏輕快的句子也為之增色不少，呈倒裝的句式又平添詩的情趣。詩表現出全然的開放給現代都市人提供了重與大自然相對的機遇，使他們產生出一種自由、愉快的心境。

出　走

在日月的磨鏡房裏
我清楚地看到
路從街巷裏出走
　　曠野來接它
樹從盆景裏出走
　　林野來接它
鳥從翅膀裏出走
　　天空來接它
人從名片裏出走
　　煙雲來接它
路與樹　人與鳥
　　集體出走
天地線把他們都牽回去

【賞析】　這首詩語言清新、結構嚴整、意境深遠，用非常形象化的描述表達了詩人這樣的信念：常規的、有限的活動空間固然平穩、安適，但卻束縛想像和發展；富有創新和探索精神的人們（尤其是詩人和藝術家，不應當滿足於現狀，固步自封，而是要衝破束縛，到廣潤無垠的境地裏去追求自由和發展，而對於有志者來說，這樣的廣潤天地始終都做開著熱情的胸懷。爲了表達這樣的信念，詩人精心選擇了「路、樹、鳥、人」四個並列的意象，但在安排上從靜態到動態，從無生命到有生命，呈遞進關係，則

是井然有序，不可改變。對這四個意象，又分別將四組對立的意象：「街巷與曠野」、「盆景與林野」、「翅膀與天空」、「名片與煙雲」使用在複沓（repetition）的句式中「⋯⋯從⋯⋯裏出走／⋯⋯來接它」，已足見詩人構思之精巧了。最末一句「天地線把他們都牽回去，仿佛大自然和新的領域具有人的思想感情，誠摯熱情、胸襟開潤，永遠在等待在召喚那些衝破束縛、力圖創新的人們。從更深一層的帶哲思色彩的意義上來理解，全詩展示了一種從有限到無限的發展過程。」

旅途感覺

車不停地跑
大地奔着過來
天空衝着過去
把圓圓的遠方擲給我
我抱住它　坐在無際的遙望裏
讓風景自己去跑

房屋急急讓開林野
林野漸漸讓開遠山
遠山慢慢讓開煙雲
煙雲卻不知往那裏讓

車窗外
許多遠遠近近的路在追趕
　　　　　　　在搶先
　　　　　　　在糾纏
只有水平線知道　那都是飄忽在
　　　　　　　風景中的彩帶
　　　　　　　全用來結紮鄉愁

　　　　　　　　　一九七七

【賞析】　這首記述旅途感覺的小詩僅有三節，似乎各有特點，

第一節中，動詞的運用新穎、傳神，如：跑、奔、衝、擲、抱、坐等，說「車不停地跑」屬常規語言，但說「讓風景自己去跑」，以及天空「把圓圓的遠方擲給我」就是語言的變異（deviation）了，用來表現奔馳的車中旅人的感覺，就很逼眞。第二節主要運用了「頂眞」（Anadiplosis）技巧，即用前一行的接尾來做下一行的起頭，如詩中的「林野、遠山、煙雲」的安排，使相鄰的詩行首尾蟬聯，在表現「行行復行行」的旅途感覺上，非常恰當，此外，詩人用「急急、漸漸、慢慢」來分別描述房屋、林野和遠山，準確地表現出這些景物因遠近距離不同，在旅人眼中的移動速度也不同。第三節，承接第一節中的動詞使用，如用追趕、搶先、糾纏、飄忽」來形象地描述旅人眼中的公路，的確生動，此外突出的一點，是用了傳統詩詞中一個重要手法「卒章顯其志」（白居易語），即到了全篇結束才表明作者的思想，詩中寫道，「只有水平線知道」，按寄情於景，應是「只有詩人心中知道」風景中那些遠遠近近的路，都是飄忽的彩帶，「全用來結紮鄉愁」。這最末一行方使前面那些看似零散，隨意的感受有了歸結，跟第一節中「坐在無際的遙望裏」成爲呼應。從較爲深廣的意義上看，我們可以這樣理解：詩中的旅途，象徵著人類的生命旅途，當今飛速發展，不斷變化的社會使人類在自己的生命旅途上產生出愁緒和思念。標題「旅途感覺」也就不僅僅是局限於對所見景物的描寫了，而是具有了較此深刻廣泛得多的生命內涵意義。」

車　上

車急馳
打開的車窗　是白色琴鍵
關上的車窗　是黑色琴鍵
車急馳
張開的眼睛　是風景
閉上的眼睛　是往事
一回首　車已離地而去
　　　　　　身在雲裏
　　　　　　夢在雲外

凝望溶入山水
山水化為煙雲
煙雲便不能不了
事情總是這樣了的
當車急馳　要追回什麼來
雙目總是把車窗
　磨成那片迷濛
　　　那片悵惘

　　　　　　　　　　一九七七

【賞析】　這首描述旅途中所感的小詩，語言清新、節奏明快，
第一節中，從車窗的打開關上聯想到眼睛的張開閉上，過渡十分

自然，用黑白琴鍵來比喻車窗的開關，也使人想像到：急駛的車像正在演奏的鋼琴和車上的旅客那愉快、企盼的心情。而詩中的羅門在車上一閉眼，就是「往事」，跟似乎離開地面的急行車一起，他的「夢」也飛到雲外。是什麼「往事」？是什麼樣的「夢」，詩人並不作解釋，第二節頭兩行「凝望溶入山水／山水化爲煙雲」在引導讀者跟詩人一起，對如煙雲飄逝的往事作一番深情的回憶，「詩貴含蓄」，以這種方式來承接「往事」和「夢」是「含蓄」的佳例。全詩以車窗聯想到眼睛開始，又以雙目聯繫著車窗作結，這是對結構嚴謹的追求。「雙目總是把車窗／磨成那片迷濛／那片悵惘」短短三行裏，既有寫實的描述（車窗上沾著雨霧水珠，看不清楚），也有抽象的慨念（詩人悵惘的心情）自然會使讀者聯想到，人在回憶往事因留戀逝去的歲月而眼中的景象朦朧，是十分感動人的。

車入自然

車急馳
那把箭較眼快
一隻鳥側滑下來
天空便斜得站不住
將滿目的藍往海裏倒

車急馳
飄浮何須經由水面
說雲將山浮去
倒不如說風浮來曠野的臉
　　　　一陣翅膀聲
　　　　在笑裏

車急馳
太陽左車窗敲敲
　　　右車窗敲敲
敲得樹林東奔西跑
　　　峰迴路轉
要不是落霞已暗
輪子怎會轉來那輪月

　　　　　　　一九六八

【賞析】　現代派文學藝術的一個重要特徵就是側重在表現創作者（作家、詩人或畫家）對客觀世界的景物的主觀感受，這些景物在他們的作品中因創作者的心態和情感而變形或扭曲，帶上了強烈的創作者的主觀色彩。通過這些變形或扭曲的描寫，讀者（觀衆）往往可以更深刻地理解到景物的本質特徵（這些特徵在一般性的描寫中通常不能夠揭示出來）和創作者獨特的心態和情感。這首詩便是屬於這類作品，詩人寫自己坐在急馳入大自然的汽車中，對外界景物的主觀感受，「天空斜得站不住」、「風浮來曠野的臉」、「翅膀發出笑聲」、「敲得樹林東奔西跑」等，就是變形或扭曲的描寫。「天空便斜得站不住／將滿目的藍往海裏倒」，使人想起英美意象派名詩人H. D.（杜麗特爾）的名作「山林女神」中的句子：「翻騰吧，大海——把你的綠扔在我們（山林）身上，／用你池水似的杉覆蓋我們。」都是使訴諸視覺的顏色具有了體量和質感，並由此將發出者（天空、大海）和接受者（海、山林）聯接起來，是典型的現代派手法。這和下面的「太陽左車窗敲敲／右車窗敲敲」都屬「通感」手法，新穎傳神，後者使光線帶有體量和質感，能敲擊發聲，如T. S. 艾略特的詩行「我所經過的每一盞街燈／都在敲響宿命的鼓聲」，而「樹林東奔西跑」、「峰迴路轉」等都是太陽光「敲擊」（實際是「眩目」）在詩人感官上產生的幻覺，第二節中的「飄浮」也是人在急行車中產生出的幻覺等。這些變形或扭曲的描寫，使讀者能夠感受到快速行馳的汽車及周圍的景觀，感受到詩人乘快車進入大自然時那種輕鬆愉快的心情。

玻璃大廈的異化

站在街口
看玻璃大廈
　將風景一塊塊
　冷凍在玻璃窗裏

坐着火車出城
看玻璃大廈
　在飛馳的車窗外
　　　　很快解體
飛成一幅幅風景
溶入山水
化為煙雲
眼睛追不上
便轉回車內
望着空空的雙目
竟又看到另一座玻璃大廈
　閃亮在那個鄉下小孩的
　　　　瞳孔裏
　　　　走過去
　　　　要五十年

　　　　　　　　一九八七

【賞析】　羅門的「第三自然」理論是他在畢生從事詩歌創作和

藝術探索中建立起來的思想觀念。簡言之，他把日月山川、林野雨霧、花草鳥獸等視爲第一自然，而把由現代文明造就的社會生活，如高樓大廈、飛機地鐵、電腦槍炮之類視作「第二自然」，這兩者是絕大多數人的生存空間和終點世界，他們無法脫離與超越。但是，對於詩人和藝術家來說，這些都僅僅是起點，他們要掙脫這兩者的有限境界和種種障碍去進行探索、努力將生命和事物置於「完美的形態與秩序之中」，開拓出更加博大廣潤、具有永恆生命力的「第三自然」。另一方面，探索與開拓「第三自然」，正是詩人和藝術家的神聖使命。「玻璃大廈的異化」這首小詩是羅門「第三自然」理論的詩化闡釋。詩中前半部分裏的「玻璃大廈」是「第二自然」的象徵，「風景」是「第一自然」的象徵，本來充滿無限生機的風景被「冷凍在玻璃窗」裏，現代化大都市裏的這種常見景觀被詩人賦予了這樣的意義：隨著現代化工業文明的發展，人類賴以生存的自然環境惡化了，逐漸失去了生機。要想回歸「第一自然」，就只有離開都市，到郊野去，在那裏，玻璃大廈又「很快解體成一幅幅風景」，溶化進了「山水」和「煙雲」，恢復了原來的生機。值得注意的是：對上述「第一自然」和「第二自然」之間的異化，詩人並不感到滿足，他還在繼續探索，他看到了「另一座玻璃大廈」，我以爲這象徵著詩人以畢生的藝術追求建構起來的，包括「第三自然」理論在內的創作觀念和思想體系。最後幾行對那個鄉下小孩的描寫，分明使我們看到：五十年前（1937年），在抗日戰爭的炮火中，少年羅門離開故鄉，去進行人生追求，經過五十年的不懈努力，羅門成了一位卓有成就的詩人，具有鮮明的個人特色，他的詩作和創作思想正是他所倡導的「第三自然」理論的最佳例證。

雲

藍空因我柔得像
　　愛人的眸子
　我帶着海散步
　　帶着遠方遊牧

我走　　地相跟
我飛　　天相隨
我笑　　太陽在
我怒　　風雨來
我情悠悠　　江水說不盡
我心遙遙　　海天望無窮

我的行程　　只有一部分被鳥知道
　　　　　那是它飛着山水來
　　　　　　　我飄着山水去
　　　　　　　　　彼此遇上

我的行程　　大部分是過了水平線之後
　　　　　日落星沉　　煙消波滅
　　　　　　　　天茫茫
　　　　　　　　　地茫茫
　　　　　　　　　永恆也茫茫

獨我在

一九七七

【賞析】　這是用「物化」手法寫成的一首抒情詩，物化，就是賦予人以某種外在自然物的特質，將人比附爲外在的景物，用以表達詩人的思想感情。在這首詩裏，詩人將自己比附成天上的雲，飄逸瀟灑、超凡脫俗，似乎大自然中的景物是隨著雲的運動而運動，隨著雲的變化而變化，羅門是在用形象化的語言表達這樣的信念：在這個世界上，只有詩人和藝術家創造出來的完美境界，才能夠起到淨化人的心靈、使世界變得更加美好的重要作用，他自己爲了實現這一崇高的目標付出了畢生的努力。但是，在現代社會裏，嚴肅的文學藝術往往被人忽視或輕視，有社會責任心的詩人和藝術家難於尋到眞正的知音，沉重的社會責任感和冷峻的社會現實形成巨大的反差，使他們產生「前不見古人，後不見來者，念天地之悠悠，獨愴然而涕下」（陳子昂）的感慨，本詩的最後一節就表達了詩人這樣的感喟。

山

那乳房
在天空透明的胸罩裏裸着
它幽美的線條與體形
一直被海浪高談闊論
它靜靜地
從不說什麼

風雲鳥
畫過它
但筆觸太輕飄都沒有留下來
倒是它簡單的一筆
把風的飄逸
雲的悠游
鳥的飛翔
全畫在那裏

【賞析】　這是一首蘊含哲理的抒情小詩。第一節中先以兩個相互關聯的新奇比喻（以乳房喻山，以胸罩喻天空）來表現山的形體美，繼以「移情」（empathy）手法寫海浪的淺薄與輕浮、山的靜穆與穩重，詩中「高談闊論」和「從不說什麼」原本都是人的行為，在這裏都被詩人移借到大自然中去了，短短的幾行，已經表現出海濱山的形體美和性格美。第二節中，以非常輕靈的筆

調寫風、雲、鳥轉瞬即逝，不留痕迹（「筆觸太輕飄／都沒有留下來」），但它們在空中掠過時所呈現出的「飄逸」、「悠游」和「飛翔」的情態，卻被海濱的山那「簡單的一筆」（對照第一節中「它幽美的線條」）全畫在那裏，永恆地留在天地之間。這首小詩蘊含著這樣的意念：當外在美和內心美結合起來，即形體、性格與智慧同時兼備，就能產生出永恆的美來。

綻

海棠花用血宣示它的綻開
整個天空便旋入那朵紅雲

隨雲聲去
迴音來自遠水
蝶羽化入花香
春被鳥叫得好高好深
世界是沿滑板下去的童時
　　　　在那陣嘩笑裏
一回首　已涉渡千里幽渺
相望時　已停泊萬年

一九六八

【賞析】　這是一首具超現實主義色彩的小詩，由「海棠花開」引起一連串的自由聯想，進而表達詩人對世界、對人生的獨特感受。「意識流」是現代派文學藝術中一種常用的重要手法和技巧，跟「內心獨白」一樣，「自由聯想」也是「意識流」的主要組成部分之一。在這首詩中，詩人由海棠綻開紅色的紅朵，聯想到天上的紅雲，由飄去的雲聯想到遠水，由遠水傳來的迴音聯想到鳥鳴，再聯想到蝶羽、花香，以及由這些構成的春天，童時的歡笑，到這裏，再聯繫到上面提到的「遠水」便自然聯想到時間的久遠和空間的遙望，以及「涉渡」、「停泊」這些既跟「水」有實際

聯繫，又常跟時間空間等抽象概念相關的詞語。初讀此詩，會以爲各個意象之間的聯繫是零亂的、隨意的，殊難索解，但只要加以分析，便可見到其間有比較清晰的脈絡可尋。以這種方式呈現出來的詩人的心態是超現實主義的（有論者謂「比客觀眞實還要眞實」），能在讀者的心靈中產生出逼眞的、深刻的印象：花開固然很美，但很快會凋謝，青春如同春天一樣美好，但人生忽忽，回想起兒時的歡笑，恍若隔世；對此景此情，怎不叫人感慨萬端！

漂水花

我們蹲下來
天空與山也蹲下來
看我們用石片
　對準海平面
削去半個世紀
一座五十層高的歲月
　倒在遠去的炮聲裏
　　　　沉下去

六歲的童年
跳着水花來
找到我們
不停的說
石片是鳥翅
　不是彈片
要把海與我們
　都飛起來
　一路飛回去

一九八四

【賞析】　1984年，羅門應邀赴香港講演，閒遐時跟在香港中
文大學任教的同庚好友、詩人余光中同遊九龍海濱。面對著海天

遼闊，兩位都是五十六歲的詩人萌發童心，朝海面上投擲石片漂水花玩。余光中在當年10月號的《藍星詩刊》上發表「漂水花」一詩，贈給羅門：「在清淺的水邊俯尋石片／，你說，這一塊最扁／那撮小鬍子下面／綻開了得意的微笑／忽然一彎腰／把它削向水上的童年／害得閃也閃不及的海／連跳了六、七、八跳／你拍手大叫／搖晃未定的風景裏／一隻白鷺貼水／拍翅而去」羅門有感於此，以同樣的題目寫了這首短詩，回贈余光中。余詩將在海面上漂著水花的石片比作貼水拍翅而飛的白鷺，是大海「連跳六、七、八跳」，全詩寫得輕鬆、瀟灑。與之相比，羅詩則顯得凝重、沉鬱。漂水花的石片「削去半個世紀」，少年時離開故鄉後，有近五十年的光陰是在離散和飄泊中度過的，所以詩人說「一座五十層高的歲月／倒在遠去的炮聲裏／沉下去」，童年時漂水花的情景還記憶猶新，說石片是「鳥翅」不是「彈片」，最末幾行，「要把海與我們／都飛起來／一路飛回去」是在飛海對面的石片上寄托著回到大陸，返回故鄉的強烈願望。全詩的動態描寫是十分出色的，如：「天空與山也蹲下來」，石片「削去半個世紀」、「六歲的童年／跳著水花來」、「一路飛回去」等，在看似輕快的語言和節奏下面，蘊含著詩人深沉而凝重的思鄉之情。

堤上行

長堤拉住
兩邊的水
兩頭的山
走入風景
水看山高
山看水遠
看到世界
　無邊無際時
鳥飛水去
雲浮山來
叫聲高闊與久遠
風景便順手推開
　照相機的快門
走進故宮的
　　山水畫

一九八四

【賞析】　詩人應香港大學黃德偉教授邀請赴港大講演，曾與余光中教授同遊九龍「船灣長堤」等風景區，這首短詩就是描繪那裏的景色。此詩使用擬人手法，使客觀世界中的無生命物（長堤、山、水）甚至抽象概念「風景」都作出了人類的舉動（拉住、走入、看、叫、推開等），因而也就具有了人的思想感情，使人感

到親切、如身臨其境。我在1992年應邀赴香港講學，也曾遊覽過這一風景區，平臥的長堤和優美的山水給我留下了深刻的印象。羅門的這首詩，把九龍的「船灣長堤」這一沉靜平遠的景色寫得生動活潑，尤其是結尾幾行，風景推開照相機的快門，「走進故宮的／山水畫」，能使讀者稱妙，使人感到，香港九龍的這個風景區也是我中華大地上的瑰寶，並將永遠留存，供人遊覽和觀賞。從更深一層的意義上看，全詩透過「山」與「水」的形象和景物描寫，還暗示了羅門和余光中這兩位臺島當代著名詩人的創作生命「既相互關聯，又各具特色，生動、優美，傳之久遠。」

溪頭遊

山在雲中走
雲在山裏遊
你是山　也是雲

雲遊　千山動
山靜　雲已睡了千年
清風盈袖時
遊走的山與雲
便多出一種飛的樣子

想飛還沒有飛
林鳥已穿過千樹
碰碎了滿山的青翠
滴滴落入泉聲
是誰在彈着古箏

看一下谷底　望一下天宇
形而上已是一把可見的梯子
石板路一級級探幽入山
青竹一節節問玄入雲
雲是你　山也是你

你與山同走　　路在雲裏
雲與你同遊　　山在路外
你停步佇立　　山以千萬棵檜木
　　　　　　　與你正直在一起
你仰臥躺下　　雲以千萬種飄逸
　　　　　　　與你一同悠然

你離去　　絕頂上的那座亭子
　　　　　是最美的一朵孤寂
　　　　　千萬年的守着山
　　　　　　　　望着雲

　　　　　　　　　　一九八二

【賞析】　溪頭是臺灣中部的重要旅遊觀光區，山水林木尤佳，山中有被稱爲「神木」的紅檜樹。羅門久居都市，邀約幾位朋友，遠遊溪頭，避開城市的喧嘩與煩噪，進入這清新幽靜的大自然景區，眞令人感到心曠神怡。詩中所用語言也是清新明晰的，正與描寫的對象和詩人的心境相一致。詩中運用的技法，主要還是屬傳統樣式的，如：對比（雲遊　千山動／山靜　雲已睡了千年）、通感（林鳥……碰碎了滿山的青翠／滴滴落入泉聲）、移情（雲是你／山也是你；你與山同走……／雲與你同遊……），詞匯的轉類（與你正直在一起……／與你一同悠然）、抽象概念具體化（千萬種飄逸、最美的一朵孤寂）等等。反復吟咏這首詩，我們仿佛在詩人的帶領下，來到臺灣溪頭風景區旅遊，領略那裏絕佳的自然風光。

海誓山盟

山不在身邊
海動來動去
那裏來的依靠

海不在身邊
山晝夜能與誰
　一直攜着手在走

海與山不在一起
叫大自然站在什麼地方
　　　去仰視與遠視
叫世界如何
　去睡去醒

【賞析】　穩重靜穆的山和起伏湧動的海相互依存，這象徵著包括愛情雙方在內的，分別構成世間萬物的兩個主要方面，缺一不可。這也是一個重要哲學命題「合二而一」的基本觀念，如男與女、天與地、陽與陰、新與舊、傳統與現代、身體與心靈、生與死等等，可以說是無時無處不在。自然界與人類社會的構成規律之一就是反映「合二而一」基本觀念的對立統一律。羅門的這一首小詩是用藝術的意象結構來闡釋上述的觀念和規律，要是這一規律被打破，自然界和人類社會就會失去平衡和秩序，詩歌本身也賦予作爲標題的古老成語「海誓山盟」以一種超越愛情的新鮮意義。

8.哲思篇

小提琴的四根弦

童時，你的眼睛似蔚藍的天空，
長大後，你的眼睛如一座花園，
到了中年，你的眼睛似海洋多風浪，
晚年來時，你的眼睛成成了憂愁的家，
沉寂如深夜落幕後的劇場。

一九五四

【賞析】　這是一首早期作品，詩人寫此詩時，尚未與蓉子結爲
伉儷。他是用排列有序、相輔相成的四根提琴弦來比喻人生中童
年、青年、中年和晚年這四個階段。用開啓心靈窗扉的「眼睛」
來比喻人的生命或生活，詩人選擇的四個意象「天空、花園、海
洋、劇場」來表示上述人生中四個階段，也頗生動貼切：天眞純
潔的童年猶如碧藍的天空，朝氣蓬勃的青年好像花木繁茂的花園，
經歷著挫折與磨煉的中年如同波濤起伏的大海，與當歷經了人世
的榮辱與滄桑，到垂暮之年時，在人生這個大舞台上也落下了帷
幕，用「落幕後的劇場」來比喻，確實新穎形象。尤其是以小提
琴四根弦的音響，暗喻人生四種不同存在階段的回音，更見慧心。
這首詩的意義還不止於此，縱觀羅門的詩歌創作，可以說，「人
生」是他貫穿於始終的一個主題，而這首早期的小詩已經在預示
詩人在今後數十年間的創作走向，是具有重要意義的。

生之旅

早上出去
我在街頭
看見嬰兒車
　　　上班車
行走在陽光伸長的路上
後來我到了與天空連接的機場
看到成千成萬的旅客
　帶着各式各樣的
　　旅途與旅行箱
　　　匆忙的湧進
　　　　　　湧出

傍晚回來我在巷尾
看到清道夫
　將一只破旅行箱
　　拋進垃圾車
然後看到抬棺人
把一具不能再旅行的
　　　　　　軀體
　　推上運棺車運走
天跟着黑下來
車走後

路便自己去旅行

至於歲初的容貌
太陽亮過廣場上的銅像
　暗入荒塚上的碑石
　　總會露出一些

一九八五

【賞析】　「人生」是羅門詩歌的一個主題，在這首短詩中，詩
人把人生的歷程濃縮成在一天中的所見所感。「早上、太陽、傍
晚、天黑下來」，「嬰兒車、湧進湧出的旅客、垃圾車、運棺車」
這些常見的普通概念，一旦以某種構思用在詩中，便具有了象徵
意義，象徵著人生歷程的不同階段。詩的最末一節，太陽「亮過
廣場上的銅像／暗入荒塚上的碑石」，以一個頗為工穩的對仗產
生出藝術上的「張力」（tension），詩人用這一對形成對比的
意象（「廣場上的銅像」象徵生前的聲名顯赫，「荒塚上的碑石」
象徵死後的冷清寂寞）來暗示：人生短暫，如太陽照亮廣場，很
快就會暗入荒塚；身居高位或聲名顯赫都不可能永存不朽，只有
時光和歲月不朽，人們在流逝的歲月時光中，都在各自不同的人
生旅程上朝前行走。

光　穿著黑色的睡衣

紫羅蘭色的圓燈罩下　　光流着
藍玉的圓空下　　　　　光流着
邱吉爾的圓禮帽下　　　光流着
唯有少女們旋動的花圓裙下
　　那塊春日獵場　　光是跳着的
而在圓形的墳蓋下　　連作為天堂支柱的牧師
　　也終日抱怨光穿着黑色的睡衣

一九五八

【賞析】　「人生」是羅門詩歌創作中的一個主題，這是一首用現代派手法寫成的短詩，傳達著詩人關於「生與死」的思索與感受。在中國傳統文化中，「圓」表示完美、圓滿、渾融等意義，而在羅門自己的象徵體系中，「光」象徵著生命的存在與活動。在頭三行中，「紫羅蘭的圓燈罩下」表示閱讀與寫作，象徵人類的文化與文明，「藍玉的圓空下」表示廣潤無垠的大自然，「邱吉爾的圓禮帽下」則表示戰爭與和平，泛指社會變革，不妨可以說，有了文明、大自然與社會變革，人的生命才可能生存、人生才有活動和發展的意義；第四行中「少女們旋動的花圓裙下」象徵著青春與愛情，在人的一生中，伴隨著青春和愛情的那一個階段是多麼生氣蓬勃啊！所以詩人說，唯有在此時，「光是跳著的」。到了末兩行，急轉直下，「圓的墳蓋」象徵著死亡，此時的光，失去了光亮，不再「跳著、流著」，只好穿上「黑色的睡衣」，

即將睡去（意味著「永遠消亡」），這樣的結局，「連作為天堂支柱」，代表上帝意志的牧師也無能為力，只有「終日抱怨」而已。在詩中，「圓燈、圓空、圓禮帽、花圓裙」都因為是「圓」的而具有了「完美、渾融、圓滿」的意義，與之相對照的是，象徵死亡的「墳蓋」也是「圓形的」，這無異乎是表示：詩人認為，與生命的存在和運動一樣，死亡也是一種自然規律，人類的個體生命的產生與終結永無休止地重複下去，而人生，本身就是一個圓周狀的循環，終點又回復到起點。

傘

他靠着公寓的窗口
看雨中的傘
　　走成一個個
　　　孤獨的世界
想起一大群人
每天從人潮滾滾的
　　　公車與地下道
裏住自己躲回家
　　　　把門關上

忽然間
公寓裏所有的住屋
　　　全都往雨裏跑
　　　　直喊自己
　　　　　也是傘

他愕然站住
把自己緊緊握成傘把
　　　而只有天空是傘
　　　　雨在傘裏落
　　　　　傘外無雨

　　　　　　　　　一九八三

【賞析】　這首小詩將寫實與象徵、描述與哲思、現實與悖論（paradox）等相對立的因素非常精巧地結合起來，表現人在唯利是圖、人情淡漠的社會現實中那種沉重的孤獨感。詩的前半側重在寫實，由雨中一把把互不相關的雨傘（孤獨的世界）聯想到生活在現代社會中的人們，或遠避紛爭、或慎於交往、或不願與人世間的醜惡現象同流合污，紛紛選擇了自我孤立的道路，一下班就躲回家，把門關上。詩的後半部可看成是「悖論」的佳例。悖論，是指表面上看來自相矛盾或荒謬，有悖於邏輯和常理，但實質上卻具有深刻含義的論述。英美新批評派家將「悖論」強調到如此程度：「詩歌的語言就是悖論語言」，（C. 布魯克斯：《精製的瓮：詩歌結構研究》）。「所有的住屋／全部都往雨裏跑／直喊自己／也是傘」是用悖論語言表示：人們急於往公寓裏自己的小屋裏躲藏起來是想像以傘避雨一樣，避開這紛亂的社會現實，將自己孤立起來。結尾處，把自己緊握成傘把，天空成了傘，「雨在傘裏落／傘外無雨」，則更是典型的悖論語言。用這種「反常合道、奇趣橫生」（蘇軾）的詩句，詩人要表現：在這個荒誕的世界上，人要躲進自己的孤獨領地，常常是像收傘把一樣把自己收縮起來，而他所追求的那一方寧靜安適的小天地並不存在，心靈中的孤獨世界仍然時有紛擾發生，難於排遣。這一部分包含著超現實手法表達的哲思，與前半部分用寫實手法描述的客觀現實形成鮮明的對照，耐人尋味。若我們把此詩與詩人於十二年前寫的另一首短詩「窗」對照著來讀，可以看到：同樣是出於人對社會現實的束縛和壓抑感到不滿，在「窗」中，他要想衝破這種束縛，讓思想在廣濶中自由騰飛。從更廣濶的意義上看，這首詩還表現從都市存在的孤獨，升越到人存在於茫茫世界上那種十分荒誕的更為深層的孤獨感。」

窗

猛力一推　雙手如流
總是千山萬水
　　總是回不來的眼睛

遙望裏
你被望成千翼之鳥
棄天空而去　你已不在翅膀上
聆聽裏
你被聽成千孔之笛
音道深如望向往昔的凝目

猛力一推　竟被反鎖在走不出去
　　　　　　　　　　的透明裏

【賞析】　這是一首用象徵手法寫成的哲理詩，表現現代的人急於衝破現實環境的束縛、追求心靈的解放與自由，卻又屢遭挫折，終不成功的那種苦悶心情。「窗」是個具有濃厚象徵意義的意象，可暗指心靈與現實或樊籬與自由之間的關係。「千山萬水」和「千翼之鳥」象徵著思想在廣潤的領域裏自由奔放、無拘無束，而「千孔之笛」象徵對往昔的回憶與懷念。然而，昔日與從前、理想與現實之間，總是存在著巨大的差距，越是要想讓心靈掙脫束縛，就越感到現實環境的頑固和壓力，這種束縛與樊籬往往是無

形的，但卻讓人時時感受到它的存在，所以詩人將這種無形的束
縛的感受說成是「被反鎖在走不出去的透明裏」，讓讀者體會到
人內心存在的困境。

未完成的隨想曲

（六則）

一、

窗外是門
門外是鎖

山外是水
水外是天地茫茫

二、

人穿衣服
衣服口袋裏放着一張護照

鳥穿天空
天空口袋裏什麼也不放

三、

馬路劃着一條一條的線
鐵軌固定着兩邊輪子轉動

原野劃着一條一條的河
翅膀從不問天空是如何飛的

四、

鳥聲與泉音
　叫森林越睡越沉

流行歌與輪聲
　叫都市翻來覆去

五、

牧笛是一條河
　流出乳般的晨光　酒般的晚霞

槍管也是一條河
　流出白色的淚　紅色的血

六、

樹上的花　是窗
樹上的果　是窗簾放下的窗

房屋的窗　是花
房屋放下窗簾的窗　是甜蜜的果子

　　　　　　　　　　　一九七五

【賞析】　這是一組構思十分精巧，富有哲理、耐人咀嚼思索的
小詩。在羅門的詩歌理論體系中，「第三自然」是一個核心組成
部分，簡言之，「第一自然」是指原始大自然景觀，「第二自然」

是指由現代文明造成的人類生存空間，「第三自然」是詩人和藝術家創造出來的、超越時空的完美境界，是他畢生追求的目標。這一組小詩，爲羅門的上述理論提供了最好的例證和注釋。「第一自然」包括第一則中的「山水、天地」，第二則中的「天空、鳥」，第三則中的「原野、河、翅膀、天空」，第四則中的「鳥聲、泉音、森林」，第五則中的「牧笛、河、晨光、晚霞」，以及第六則中的「樹上的花、樹上的果、甜蜜的果子」等。「第二自然」包括第一則中的「窗、門、鎖」，第二則中的「衣服、護照」，第三則中的「馬路、鐵軌、輪子」，第四則中的「流行歌、輪聲、都市」，第五則中的「槍管」，第六則中的「房屋、窗簾」等，按羅門的理論，大多數人的生存範圍和人生歷程都僅局限於第一和第二自然，只有詩人和藝術家能夠在第一自然和第二自然的對立和衝突中（應當指出，羅門本人對「第二自然」基本上是持不滿和批判的態度，這可見之於他的許多詩篇，當然也包括本組詩）努力開拓出「第三自然」來，這「第三自然」就是包括這一組六則小詩在內的他的詩歌創作。在前五則中，詩人用精巧的構思，分別選用一個「契合點」（affinity）將分屬第一和第二自然的兩組意象聯結起來，產生出非常鮮明突出的藝術張力（tnesion），這五個「契合點」依次是「一、在……外面是……，二、穿著……，在口袋裏放……，三、劃著一條一條的線（河流），四、聲音、睡眠，五、一條河流出來……。由此我們可以看出詩人在謳歌自由、關愛及和諧的美感，在批判束縛，仇恨及雜亂與喧囂。第六則有所不同，或許可以認爲，由於有詩人以艱辛努力開創出來的「第三自然」，在這裏，「第一自然」和「第二自然」得以實現融合與統一（二節中用了四個「是」字判斷句，暗示著

詩人的努力有了回報，人生、愛情、事業有了成果，最後一句「房屋放下窗簾的窗／是甜蜜的果子」，將「三個自然」濃縮於一句之中，意蘊深長雋永、耐人尋味。

超　脫

這種流動
是與河無關的
管它有岸或無岸
　　　　岸上會有什麼山色
這種流動　是不帶身體的

有了身體　一流動
便須去想起搖籃
想起那塊石碑
　是無人操作的帆

這種流動
是不須去想的
一去想　誰也想不通整個天空
　　會交給那朵雲

　　　　　　一九七○

【賞析】　這首具有哲理的小詩傳達出詩人關於「流動」與「超脫」的瞬間感受。河水的運動是流動，但卻受到河岸的束縛，人生的歷程，從出生到死亡（詩中的「搖籃」和「石碑」所指）也是一種流動，但卻受到身體的局限，詩人所主張和追求的，是思想和想像的自由流動，不受任何束縛和局限，那是一種超脫於時

間空間的理想境界，即如古人謂「觀古今于須臾，撫四海于一瞬」
（陸機《文賦》），「寂然凝慮、思接千載；悄焉動容，視通萬
里」（劉勰《文心雕龍》‧神思》）。或許可以說，這種理想境
界是詩人和藝術家創作出不朽佳作的前提和條件。

飛在雲上三萬呎高空

世界只留下
最後一塊版面
給日月星辰排用
其他的都暗入雲山

即使煙囱與炮管
在雲下排着一行行
　　生活必讀的詩
但拿到雲上來看
都得化為那無限的遙望

望到無邊的廣闊
只剩下透明
世界便留下
最後一個畫廊
　　給自己用
其他的都埋入雲山

誰曾在此畫過
　　　　展過
而一幅幅不能畫的畫
都氣勢逼人的

　　自己跑來
逼使我雙目
　　跪下來看

千山萬水
　　何處去
千飛萬翔
　　翔在哪
問筆
問墨
都說大自然在畫框裏
瘦如走不出去的盆景

而太空船又能運回
　　　　多少天空
　　　　多少渺茫

在沒有終點站的渾沌裏
問時間　春夏秋冬都在睡
問空間　東南南北都不在
整個世界空在那裏
如果還要畫
誰的眼睛能是調色盤
誰的視線會是揮灑的線條

宇宙看看我
我看看宇宙
不畫
全是畫

一九八六

【賞析】　詩人乘飛機在雲上距地三萬英尺的高空飛行，他看到
浩瀚宇宙廣濶無垠、永恆存在的壯麗景觀，深深感到：具有偉大
創造力的藝術家、科學家，面對這廣濶與無垠，力量仍然是有限
的。在詩中，「畫廊、畫展、筆墨、調色版」等代表著藝術或人
的精神生活，而「飛機、太空船」等則代表科學技術的成就，詩
人認爲，一旦跟大自然或浩瀚宇宙相比，這些都相形見絀了。在
高空中飛行，親身體驗到超越時間與空間，亦無所終點與起點的
廣博和宏偉，這時候，詩人感到他的心靈受到震撼，產生出一種
強烈的慾望，要在這無山無水、無江無河的三萬呎高空，以一種
新的心境和美感經驗，開拓出迥異於古代詩人的嶄新的創作領域。」
這首詩便是描寫他在高空飛行時的所見所感，具有一種宏大壯濶
的氣勢。

回　首

一、

歲月如何回首
問山　山問海
海追着浪
直問到天邊
什麼也問不出來

為了遙望
留下遠方
為了繼續連繫
　留下天地線

二、

要歲月回首
除非叫山走動
　　海停下來
讓沉睡的岩層
　都醒成波浪
　發出金屬聲
叫另一個海從山裏走出來

天空重新張開眼睛

　　才會發覺走在風雨中
　　　　走得最艱苦的
　　不是一面走一面怒吼的海
　　　　而是沉默無言的山

　　　　　　　　　　　　　一九九一

【賞析】　　他在此詩中以一系的比喻和象徵寫人回首往事的心情。第一部分中的「遠方」和「遙望」是指人對生存時空的緬懷和留戀，而山、海、浪相互追問，卻「什麼也問不出來」，是表現人因這種緬懷和留戀沒有結果而產生的悵惘心情，至於「為了繼續聯繫／留下天地線」是表示人仍執著與期待。第二部分中，第一節以一組令人觸目驚心的意象表示，要回到過去是不可能的，第二節中以「怒吼的海」與「沉默無言的山」形成對照，說山在風雨中艱苦地走，是「悖論」（paradox）語言，如聯繫到上面「要歲月回首／除非叫山走動／海停下來」是說叫山走動之不可能（符合客觀現實的規律），則更可明確。這樣的「悖論」語言既生動又深刻地塑造了人存在的宿命性的無奈感。羅門是一位始終對生命作深入探索的詩人，他有些因個人感觸而寫的詩往往蘊含著對人類、對歷史的博大而深刻的含義。從更深廣的層面上看，這首詩還可以理解成：人類對自身生命回歸到原本性存在的內心思索和呼喚。

生之前窗通向死之後窗

群峰矗立
海浪重疊
鷹鳥翱翔
十字街相交
方向似舞姿　似天氣
可觸的　亮在外
可感的　美於內
名望　腳步　輪子　這輔造方向之國的玻璃磚
恆以種種彩色與閃光　雕飾三六〇度的內外空間
但終如升燃的煙火　覆滅在夜裏
渾漠的坐標圖上　到最後總只剩下那條虛線
　　　　懸在兩崖之間
　　　　它很短　如目之啓閉
　　　　它很直　如雙塔對視

【賞析】　這是一首談生與死的小詩，由於其現代派色彩頗濃，
顯得晦澀難解。「陌生化」（estrangement）是由俄國形式主
義批評家先提出的一個重要詩學概念，其要點是：「藝術技巧是
使對象（客體）變得『陌生』，使形式變得困難，增加知覺的難
度和時間的長度，因爲知覺過程本身就是審美的目的，必須予以
延長。」（見維什克洛夫斯基：「藝術作爲手法」）羅門的這首
詩可以說是在中國新詩中運用「陌生化」技巧的一個佳例。詩中

描寫的東西跟現實生活有很大的距離，使讀者感到陌生，理解這首詩變得較爲困難，但這正是詩人具有審美意圖的一種嘗試：他要讓讀者在似曾相識中去思索，去體會作者的情感和可能的意圖，然後根據各自的經歷和觀點作出不同的解釋，這裏不存在單一的標準和詩人要讀者接受的觀點。這就是「增加知覺的難度」，什氏認爲這本身就是一種「審美意圖」，是很有見地的。這首詩可以作如下解釋：前半部寫事業有成的人生絢麗多彩、波瀾壯潤，其中，「玻璃磚」、「種種彩色與閃光」、「雕飾三六〇度的內外空間」等暗示一種不切實際的理想境界或虛僞的名利場。對個人來講，數十近百年，是漫長人生，但在歷史的長河中不過是極短暫的一瞬，一個人無論他是多麼聲名顯赫、權傾一時、富甲天下，最終都「如升燃的煙火」，轉瞬間便「覆滅在夜裏」。末尾四行寫到死亡，「坐標圖上到最後只剩下那條虛線」，很容易使人想起瀕臨死亡的病人床頭那心電圖儀的螢光屏上的線條，從起伏、波動到拉直不動，意味著人之死亡，而人的生命短暫如眼睛的啓閉，那直直的線條不可能再回復到起伏波動的狀態，昔日的顯赫和名利都永遠成爲歷史。「生與死」是千百年來詩人們反復吟咏的題材，但這首詩寫得富有新意，耐人咀嚼，對那種追逐功名利祿的人生態度提出了委婉的感評。

觀　海

飲盡一條條江河
你醉成滿天風浪
浪是花瓣　大地能不繽紛
浪是翅膀　天空能不飛翔
浪波動起伏　群山能不心跳
浪來浪去　浪去浪來
你吞進一顆顆落日
　　吐出朵朵旭陽

總是發光的明天
總是弦音琴聲迴響的遠方
千里江河是你的手
握山頂的雪林野的花而來
帶來一路的風景
其中最美最耐看的
到後來都不是風景
而是開在你額上
　那朵永不凋的空寂

聽不見的　都已聽見
看不見的　都已看見
到不了的　都已進來

你就這樣成為那種
　　無限的壯闊與圓滿
　　　　　滿滿的陽光
　　　　　滿滿的月色
　　　　　滿滿的浪聲
　　　　　滿滿的帆影
究竟那條水平線
　　能攔你在何處
壓抑不了那激動時
你總是狂風暴雨
　　　　　千波萬浪
把山崖上的巨石　一塊塊擊開
　　放出那些被禁錮的陽光與河流
其實你遇上什麼
　　都放開手順它
任以那一種樣子　靜靜躺下不管
你仍是那悠悠而流的忘川
浮風平浪靜花開鳥鳴的三月而去
　　　　　　　　去無蹤
　　　　　　　　來也無蹤

既然來處也是去處
　　　去處也是來處
那麼去與不去

你都在不停的走
從水平線裏走出去
從水平線外走回來
你美麗的側身
　　已分不出是閃現的晨曦
　　　　　還是斜過去的夕陽
任日月問過來問過去
你那張浮在波光與煙雨中的臉
一直是刻不上字的鐘面
　　　　　能記起什麼來
如果真的有什麼來過
風浪都把它留在岩壁上
　　留成歲月最初的樣子
　　　　時間最初的樣子

蒼茫茫若能探視出一切的初貌
那純粹的擺動
那永不休止的澎湃
它便是鐘錶的心
　　　　時空的心
也是你的心
　　　你收藏日月風雨江河的心
　　　你填滿千萬座深淵的心
　　　你被冰與火焚燒藍透了的心

任霧色夜色一層層塗過來
任太陽將所有的油彩倒下來
任滿天烽火猛然的掃過來
任炮管把血漿不停的灌下來
　　　都更變不了你那藍色的頑強
　　　　　　藍色的深沉
　　　　　　藍色的凝望

即使望到那縷煙被遠方
　　　　　　拉斷了
所有流落的眼睛
　　都望回那條水平線上
仍望不出你那隻獨目
　　在望着那一種鄉愁
仍看不出你那隻獨輪
　　究竟已到了那裏

從漫長的白晝
　　到茫茫的昏暮
若能凱旋回來
　　便伴着月歸
星夜是你的冠冕
眾星繞冠轉
那高無比的壯麗與輝煌

使燈火煙火炮火亮到半空
　　　　　　都轉了回來
而你一直攀登到光的峰頂
將自己高舉成次日的黎明
讓所有的門窗都開向你
　　　　天空都自由向你
　　　　大地都遼闊向你
　　　　河都流向你
　　　　鳥都飛向你
　　　　花都芬芳向你
　　　　果都甜美向你
　　　　風景都看向你
　　　　無論你坐成山
　　　　　或躺成原野
　　　　　　走動成江河
　　　　無論你是醒是睡
只要那朵雲浮過來
你便飄得比永恆還遠

【註】寫後感：

．詩中的海已成爲對人類內在生命超越存在的觀點。尤其是海的壯闊與
　深沉的生命潛能，海的永恆的造型與海的心，對於那些以不凡智慧才
　華與超越心靈去接受生命與時空的挑戰、去創造不朽存在的詩人與藝

術家們，更是有所呼應與共鳴的。

　　同時我認爲一個現代作家除了追逐外在的動變，更應感知那穿越到「動變」之中去的莫名的恆定力，是來自宇宙與大自然整體生命的穩定的結構與本然的基型之中。唯有如此才能使創作的智慧產生一種含有「信仰性」的較深遠的嚮往與感動。

●觀海人的話

　我寫觀海是因爲：

(1)海能包容人生的各種境界。

(2)海的額頭最好看，看久了，會看到羅素與愛因斯坦的額頭。

(3)海的眼睛最耐看，人的眼睛，看了百年，都要閉上。而海的眼睛，一直開著，可看見全人類的鄉愁，時空的鄉愁，上帝的鄉愁。

(4)海最了解詩人與藝術家的心，雲帶著海散步，可看見中國的「老莊」與「王維」，海浪冲激岩壁，可看見西方悲多芬以「英雄」與「命運」交響樂，衝破一切阻力。

(5)海用天地線牽著日月與萬物進出，從未停過。

(6)其實海就是我心目中的詩人與藝術家的生命塑像。（羅門）

【賞析】　這首長詩是羅門詩作中一首非常重要的作品。我國古代偉大的文藝理論家劉勰在他的《文心雕龍》「神思」篇中說「登山則情滿于山，觀海則意溢于海」，羅門在生活中，可以說從孩提時代起，一直與大海作伴，跟大海對晤，長達幾十年，他對大海的性格與特徵有十分透徹的了解，他這首題爲「觀海」的長詩充溢著他對大海的深深情意，實質上，這首詩也是他對自我心靈的剖析和他的藝術觀點的形象體現。羅門筆下的大海，既壯闊、

雄渾，充滿激情，又寬容、恆定，空寂深沉，它飲盡江河、吞吐太陽，群山為之躍動，時空得以超越。羅門認為：大海能包容人生的各種境界，最了解詩人與藝術家的心，聯繫到詩人的人生經歷、對詩歌藝術的畢生追求、對藝術各門類的廣泛涉獵，詩歌創作的多姿多彩，我們不難在他對大海的描述中看到他的心靈的閃光和藝術觀點。羅門謳歌大海的遼闊與寬容：說「大海用天地線牽著日月與萬物進出，從未停過」，在此詩開頭，他寫道，大海「飲盡一條條江河」、「吞進一顆顆落日／吐出朵朵旭陽」，羅門正是因為努力汲取古今中外的藝術精華，融匯貫通，再以自己的心靈出之，才產生出他令人矚目的藝術成就。王國維在《人間詞話》中說：「古今之成大事業，大學問者，必經過三種之境界：『昨夜西風凋碧樹，獨上高樓，望盡天涯路。』此第一境也。『衣帶漸寬終不悔，為伊消得人憔悴。』此第二境也。『眾裏尋他千百度，回頭驀見，那人正在，燈火闌珊處』此第三境也。」在通向成功的道路上，那種寂寞與執著是不可少的。羅門讚美大海的空寂（「其中最美最耐看的／……是開在你額上／那朵永不凋的空寂」），是因為任何大藝術家和詩人都必然經歷過空寂感的洗煉，而那種孤獨與寂寞，或許只有詩人的體會最為深刻。詩人還著力讚頌大海的執著與頑強，下面以兩組排比、結構組成的一節是全詩的精彩部分之一：「任霧色一層層塗過來／任太陽將所有的油彩倒下來／任滿天烽火猛烈地掃過來／任炮管把血漿不停地灌下來／都更變不了你那藍色的頑強／藍色的深沉／藍色的凝望」，這也是詩人自己的性格，是他在藝術道路上無怨無悔、苦苦求索的形象化表現，帶著厚重的象徵主義色彩。「觀海」一詩氣魄雄渾、意境深遠。羅門在與海對晤幾十年後說：「海的額頭

最好看，看久了會看到羅素與愛因斯坦的額頭。」他的這首代表作，已經超越了對大海的特徵與性格所作的描述和讚頌，全詩以哲思的方式，象徵主義的手法對心靈與藝術、對人生的價值與追求，進行深刻的反思和全面的總結。

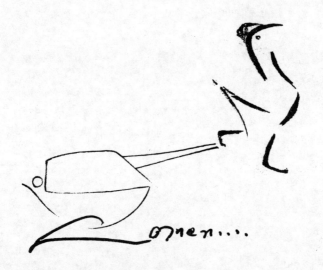

omen....

9.異域篇

夏威夷（HONOLULU）

旅美詩抄之一

它不是站在陽光下戴着花環望海
　　便是坐在琴線與鳥翅上
　　　　或醉倒在花傘下

除了泳衣遮住一些世界
海裸在陽光裏
風裸在浪聲中
鳥裸在翅膀上
那無際的眺望
只有傍海的山知道

太陽的金輪濺起滿海浪花
少女們以扭緊的曲線從浪花中躍出
　　　　幾乎扭斷了陽光的弦線
　　　　　　被眼睛彈得那麼響
她們躺下來的胸部起伏着浪
　　　　　　形成另一個海
使草裙舞獲得狂熱的節奏
使花環飄起另一種信仰
有人在遠方穿黑袍踏紅毯　走向天堂
有人穿香港衫踏這裏的花與浪　天堂向他走來

百合花白在神父注視的遠方
威士忌與櫻唇是兩種燃燒的玫瑰
　　　　　紅在花園島的夜晚

夜晚　海是一把自己拉的大提琴
太陽的噴泉　移到婦女們裸開的胸口
噴向那些容易走火的視線
當她們從不同的豪華中走來
　踏着旋律花影與眼睛
　步入火把暴露的園景
彩色噴霧華麗了她們的巧笑
幽美的提琴拉出了他們心中的彩帶
弄情的吉他彈開了禁宮的後花園
今夜必有一隻醉船浮在無岸的海上
而當一陣海風吹上WAIKIKI的露台
誰站在那裏　誰都會長出天使的翅膀
　　　　　　　　　一九六七

【賞析】　夏威夷是美國第五十個州，由太平洋中部的132個火
山島組成，首府檀香山（火奴努努）。當地土著居民是波利尼西
亞人，由於風光明媚和氣候宜人，這裏成了世界聞名的旅遊勝地，
每年吸引了一百多萬來自世界各地的旅遊者，羅門說，偏心的上
帝把最美的天空、陽光、海水和沙灘都給了夏威夷，使之具有少
女般的青春、熱情與魅力，被稱為人間天堂。羅門一九六七年旅

美，首途夏威夷，盛讚那裏的風光人情，Waikiki是檀香山一處著名的海濱浴場，據羅門記述在那裏的情景：「入夜，由各國來觀光的旅客與濶佬，給這裏的美麗帶來了榮華，婦女們穿著各國奇艷的晚禮服，緩緩地踏著迷人的步態，走入彩色噴水池與火把照耀的亭園，那些被提琴與夜色溫雅了的嫵媚與眼波，的確比白晝的海景與夜晚的白蘭地還要醉人。」這首詩表現了詩人訪問夏威夷時的所見所感，竭力作顏色、動態、聲音的描寫，使讀者可以領略到夏威夷的旖旎風光和夢幻般的夜晚，激起想像與嚮往。

紐　約（NEW YORK）

旅美詩抄之二

天國下着雨
帝國大廈將天空
　撑開成一把傘
N.Y.你躲在傘下

要想把海樹起來看
　請去看帝國大廈
要想把海旋起來看
　請用眼睛旋轉帝國大廈的看台
要想在雲上走
　請將眼睛從帝國大廈的看台上
　　　　　　投下來

一張目　層次已疊成組曲
一伸耳　響聲已叫成千乳
N.Y.你從各種顏色的眼睛中
　　　讀出各種方言的驚嘆
你是一只果核
　被傳説成四方的果園
你是示出一切動作的手
　於揮動之間　成為普遍的秩序

　　　　成為流行的風向
你是走在那風向上的火
　被火喊出的最冷的名字
　寫出夢露燃燒過後的臥姿裏
藍寶石擠掉眼珠而入
一盞燈熄在遠方
N.Y. 你即使瞎成夜
　也能看到計算機猛跑着的那條路
齒輪與腳將前面踩成
　沿車窗而去的那陣風
要看錶　請看旋轉門裏的那張臉
要對時　請將指針對斑馬線上的兩條腿
要趕　便趕時髦

當機器鳥已飛成天空
　摩天樓已圍成深淵
　電梯已磨成峭壁
　地下車已奔成急流
　銀河已流成鑽石街
　海在傾銷日己出生
　眼睛已張開成荒野
　N.Y. 你就這樣在馬蒂斯的複目裏
　　　　　　塑成那座大自然的浮雕
被赫德遜河上的渡輪拖成一首進行曲

太陽在狂笑中
　用左手將歲月擊碎在時間方場上
　用右手放出一陣風
　將格林威治村嬉皮們的亂髮
　　吹成原始的叢林

　　　　　　　　一九六七

【賞析】　紐約是著名的美國城市，位於哈得孫河注入大西洋的河口處，是整個西半球人口最多的大都市，有美國最大的金融中心（市內曼哈頓區的華爾街）、最大的文化中心和娛樂場所，最大的黑人區（在布魯克林區），以及百老匯、格林威治村（以嬉皮士及有怪僻的藝術家而聞名）等等，位於曼哈頓中心區的帝國大廈（1931年建成）共102層，加上電視天線塔後，總高度為446米，是世界著名的摩天大樓。夢露（1926～1962）是美國喜劇演員，富性感的金髮美女，曾在紐約工作，有許多風流韻事，其自殺震動世界輿論。馬蒂斯（1869～1954）是法國野獸派繪畫運動的領袖，油畫家、雕刻家和版畫家，其作品開朗樂觀、色彩明亮、不遵守透視規則。羅門這首詩將上述這些景觀和人物穿插進去，力圖以各種變換的意象、想像、誇張、變異等多種手法，呈現出紐約這個國際大都會博大龐雜，光怪陸離的面貌，無緣親訪紐約的讀者或許可以從此詩中獲得一些對紐約的印象。

　　當然這首詩更表現出做為現代都市物質文明最大展示櫥窗的紐約的具有世界壓倒性的領先的機械文明動力。

藍色的奧克立荷馬（OKLAHOMA）

旅美詩抄之三

在藍得不能再藍的奧克立荷馬
天空藍在湖裏　湖藍在少女的眼睛中
少女的眼睛藍得可將海再染藍
太陽選最藍的天空下來
遊艇遊到最藍的湖上去
旅行車把最藍的假期速寫在風景裏
風景一想到美　便到處拿湖來當鏡子

在畫家買不到那種藍的奧克立荷馬
天空湖水與少女的眼睛是一直藍下去的
樹林曠野與少女的笑是一直綠過去的
白雲遊艇與少女的臉是一直白上去的
花朵酒與少女的吻是一直紅進去的
只有油井晚禮服與神父的聖袍是黑的

在到處鋪着藍地毯的奧克立荷馬
陽光的腳步在四月裏很輕
輕得可聽見在藍色中的寧靜
槍聲在越南　地下車在紐約
奧克立荷馬枕着教堂與農莊
看石油噴黑百萬富翁的晚禮服

看天空藍在湖裏　湖藍在少女的眼睛中
少女的眼睛藍得可把藍色的火焰加藍

一九六七

【賞析】　奧克立荷馬，通譯俄克拉何馬，是美國南部俄克拉何
馬州的首府，美國面積最大的城市之一，是主要的交通樞紐和石
油產地。那裏多湖、多農莊、多教堂、多油井、多百萬富翁。在
那裏，天空藍、湖水藍、少女的眼睛也藍，羅門回憶說，在他旅
美的印象中，俄克拉何馬可以說是一座藍色的城、寧靜幽美而富
有，如果人間眞的有天堂，就該從這裏走進去。他的這首詩緊緊
圍繞「藍色」這個中心意象反覆吟詠，第一節中集中寫這裏各種
藍色的景物，創造出一種美的意境，第二節中使用排比與對照（
藍色跟綠色、白色、紅色和黑色），使詩作避免了單調的毛病，
顯得色彩多樣、層次豐富，第三節主要寫這裏的寧靜，詩中用嘈
雜的紐約地鐵和當時正處於白熱化狀態的越南戰爭作對比，而俄
城是「枕著教堂與農莊／看石油噴黑百萬富翁的晚禮服」，愈發
顯得寧靜、安適。最後兩行除基本重複開頭的第二、三行外，是
將「少女的眼睛藍得可將海再染藍」的後半部改成了「可把藍色
火焰加藍」，是一種深化詩意的構思，如果說前者是對客觀現實
（海水是藍色的）的適度誇張，那麼，後者就明顯帶有想像和象
徵的意味了；以一種青春的熱情激發起對俄克拉何馬城的種種美
好想像。如果沒有這一變化，即末行完全重複第三行，其詩意必
然大打折扣，讀者如有興趣，不妨加以對比、驗證。

重見夏威夷

海與天與目放在陽光裏調
　　　　　藍成眼色
花與酒與唇放在陽光裏燒
　　　　　紅成火焰
雲與浪與帆放在陽光裏飄
　　　　　白成煙

從眼色到
　火焰到
　　　煙
夏威夷　你是一座美麗的火山
　　　　　隨着晌午與彩傘
　　　　　星夜與子宮
　　　　　　　而開放

除了草裙舞　誰能説出火的形態
除了起伏的胸部　誰能找到火的心
除了打開的櫻唇　誰能吻到火的舌
除了那種抱摟　誰能進入火的三圍
除了那種灑脱　誰能揮盡火的繽紛

只要有人從歌裏來

　　　把花園植在香港衫上
　　　把花棚搭在遮陽鏡下
　誰說海不開花
　　　花不是浪
　　　浪不是被陽光吻開的唇
　　　唇不是被陽光睡滿的沙灘
　　　沙灘不是被陽光堆成的三點式
　　　三點式不是使海與山全都站起來

　鳥拍翅而飛　風逐浪而流
　眼見的耳聽的手摸的
　　　　全都可以着火
　夏威夷　　你便把WAIKIKI燃亮成
　　　　　天堂裏的那盞燈
　　　　　　　　　　　　　一九七六

【賞析】　　羅門於一九七六年赴美國出席第三屆世界詩人大會，得以重遊夏威夷，又到了位於檀香山的著名海濱浴場Waikiki。這次重訪，距上次來此，已有九年，風物依舊，感受有異，初訪後寫成的「夏威夷」一詩，著重在描寫那裏的旖旎風光和夢幻般的夜景，而這首「重訪夏威夷」則著重在表現那裏的「自然」與「人性」所交匯融合而產生出來的，強烈而特殊的美感與魅力。此詩的技法還是以排比與複沓（第一、三節），頂眞（第四節），反詰與排比（第三節），至意象「火」與從屬意象「火山」、「

燃成天堂裏的那盞燈」及整個第三節等，顏色與動感（第一、第三節）等，可見，羅門這一時期的某些作品仍然還承接著他早期詩作中占主導地位的浪漫主義色彩，只是多加一層現代感與凝聚力。

愛荷華印象

一

戰爭走過的土地
過重的坦克與炮彈
壓出來的是血淚
文明叫囂的大都市
過重的鋼鐵與建築
壓出來的是冷漠

坐在秋日中的IOWA
過重的寧靜與溫和
壓出來的是滿城的
　　笑容　牛乳　巧克力糖
　　與婦女們的豐盈

二

在紐約
建築物站起來
將天空與原野吃掉
在IOWA
建築物坐下去
　　靜靜看地綠過來
　　　　　天藍上去

所有的窗都是鳥

　　　　三
大都市
越走越快
大自然
越走越慢
有時靜靜坐下來
　　　　　不想走

IOWA
帶着人與都市與自然
走在不快不慢裏
一路快樂地交談

　　　　四
速度的暗箭
將紐約追殺入地下鐵
整座城慌張地躲入車箱
　　　　　　　急逃

寧靜的秋景
將IOWA亮麗在
金黃碧綠與楓紅的色境裏

歲月的臉好看多了

一九九二

【賞析】　愛荷華（IOWA，又譯衣阿華、通譯艾奧瓦）在美國中北部地處平原，土地肥沃，風景優美。愛荷華大學設有「國際作家寫作計劃」（IWP），多年來，每年都有來自世界各國的知名作家在此聚會、切磋創作經驗，從事個人寫作。1992年秋天，羅門夫婦應邀來愛荷華參加這一聚會，與各國作家交流。濃郁的文學氛圍和優美的自然風光在詩人的心靈裏激起反響、留下深刻印象。返回臺灣後，他用詩的語言呈現出這些印象，寫下這首詩。全詩的四節之間並無固定順序和邏輯聯繫，只是看似隨意組合在一起的四段印象和感受，在技法上主要是使用「對比」（coutrast），如第一節中，戰爭用坦克與炮彈產生血淚，都市以鋼鐵與建築產生冷漠，這些與秋日的愛荷華以寧靜和溫和孕育出她獨具魅力的風土人情形成極為鮮明的對照；又如在第二、第四節，以紐約與愛荷華作對比，紐約的摩天大樓與愛荷華的藍天綠地、紐約嘈雜擁擠的地下鐵道與愛荷華寧靜絢爛的明媚秋色形成鮮明對比。第三節中在將大都市與大自然作對比之後，又指出愛荷華兼具著幾方面的優點，並運用「移情」（empathy）手法，寫它「走在不快不慢裏／一路快樂地交談」，使詩人筆下的愛荷華顯得尤其可親可愛，令人嚮往。在結構上，這種看似隨意的，並無邏輯聯繫的組合，在為著凸現詩人的印象這方面，實在是一種藝術的真實，因為它可以使讀者分享和感受一個遊子對異邦風光的印象，不至於因為追求細節的真實和邏輯的聯繫而失掉對整體的把握。

主要參考書目

一、羅門詩選 　（洪範書店　1974年　臺北）

二、門羅天下 　（文史哲出版社　1991年　臺北）

三、羅門論 　（師大書苑有限公司　1991年　臺北）

四、日月的雙軌 　（文史哲出版社社　1991年　臺北）

五、羅門詩選 　（中國友誼出版公司　1993年　北京）

六、太陽與月亮 　（花城出版社　1992年　廣州）

七、整個世界停止呼吸在起跑線上 　（光復書局　1988年　臺北）

八、羅門、蓉子短詩精選 　（殿堂出版社　1989年　臺北）

九、世界詩學大辭典 　（東風文藝出版社　1992年　沈陽）

十、詩美學 　（江蘇文藝出版社　1988年　南京）

十一、西方文學批評術語辭典 　（上海社會科學出版社　1989年　上海）

十二、Princeton Encyclopaedia of Poetry and Poetics
（Princeton Vniversity Press, Princeton, New Jersey）

編後記

　　1992年，我應邀到香港中文大學進行「中英詩藝比較研究」課題的合作研究與交流活動。一次，在由香港大學比較文學系主任黃德偉博士主持的臺港與大陸文藝家的聚會上，我認識了臺灣著名詩人羅門先生，他思想敏銳、談峰甚健，觀點十分鮮明。在對詩歌與藝術的見解上，我們有一些共同的觀點，而在一些有爭議的問題上又抱有共同的興趣，於是進行了一番愉快的交談。聚會既畢、談興猶濃，他就邀我去他在香港的下榻處利園酒家繼續深談，並把他的幾種詩集和評論界對他的評論集贈送給我。我在中文大學期間的工作之餘，在我的住地「博文苑」裡仔細研讀了他的詩集和評論集，感到在我數年來一直從事的中英詩藝研究的領域裡出現了一片嶄新的天地，萌生出編一本以大陸學者的視角和觀點進行選擇、編排和評析的羅門詩選。這個想法得到了他的肯定與支持，這就是讀者面前這一本《羅門詩一百首》誕生的緣由。自我返回四川後，羅門先生一直跟我保持著書信和電話聯繫，他將他新出的詩集及新近在各種報刊上發表，尚未結集的詩作寄給我，將報刊上對他的評論及在海內外從事各種文學活動的報導寄給我。我在教學和研究工作之餘進行選編和評析，日積月累，編成這部選集的初稿。

　　1993年夏天，我去湖南張家界出席中國比較文學學會第四屆年會暨國際學術研討會，在這次會上見到海南大學文學院的周偉民教授，雖是初次見面，我卻是早已認識他。因為在香港羅門

的贈書中就有一本內容豐富裝幀精美的皇皇巨著——《日月的雙軌——羅門、蓉子創作世界評介》。那是周偉民教授和他的夫人唐玲玲教授關於羅門與他的夫人蓉子（當代臺灣著名詩人）的一本評論專著，在我選論詩集時，一直置諸案頭，經常查閱。由一對著名的學者夫婦來評論介紹一對著名的詩人夫婦，這件事本身就將留下一段傳之久遠的文壇佳話；而周教授與唐教授作為學養深厚、很有建樹的古典文學專家，來評論臺灣著名的現代詩人，仍然是佳論迭出、游刃有餘，這就不能不使人感嘆、欽佩了：非大手筆不能為也！會議期間，我與周教授朝夕相處，談詩說藝，甚為相得。承他的盛情邀請，使我有機會去海南島，參加由海南大學文學院和《海南日報》社聯合主辦的「羅門、蓉子的文學世界學術研討會」。

在海南，我與羅門重逢，欣喜之情，溢於言表，我將我編定的書稿親手交給他，更令雙方感動。會上來自海內外的數十位專家教授從不同的角度分析、評述了羅門夫婦的詩歌創作，使我獲益匪淺。在會後幾天的環島旅遊中，海南那優美旖旎的南國風光給我留下了久難忘懷的美好印象。在羅門的家鄉文昌縣鋪前鎮參觀，父老鄉親熱烈隆重地歡迎他攜夫人重返故里，在故居的小樓上，他激動地給我講述他少年時在這裡讀書和生活的情況，六十年前的小樓雖舊，但風貌猶存，望著他眼中閃耀的喜悅，我感到對他的詩作中對故園的懷念，對中國傳統文化精神的讚頌、對追求人類文明的精神價值而抱有的強烈歷史責任感，我有了更深切的感受。

末了，我要鄭重感謝臺灣文史哲出版社發行人彭正雄先生和四川文藝出版社詩歌和文藝理論編輯候洪先生，要是沒有他們的

眞誠合作和大力支持，這本詩選要在海峽兩岸同時出版是不可能的。

朱　徽

九三年九月　謹識於四川大學

羅門簡介

本名：韓仁存一九二八年十一月廿日出生

籍貫：海南省文昌縣

學歷：空軍飛行官校肄業，美國民航中心畢業，
　　　考試院舉辦的民航高級技術員考試及格。

職業：曾任交通部民航局國際機場高級技術員。
　　　民航局民航業務發展研究員。

詩的經歷與活動：

從事詩創作三十多年

▲曾為國際詩人協會榮譽會員（一九八六年）。

▲曾任中國文協詩歌創作班主任（一九八七年）。

▲中國新詩學會常務監事（一九九一年）。

▲中國青年寫作協會值年監委（一九九一年）。

▲藍星詩社社長。

▲曾選派為中國五人代表團出席由五十多國家在菲馬尼拉召開的
　第一屆世界詩人大會（一九六九年）。

▲曾應大會主席卜納德博士（Dr. Platthy）特函邀請與女詩人
　蓉子以貴賓身份出席在美召開的第三屆世界詩人大會（一九七
　六年）。

▲曾出席在韓國召開的第四屆世界詩人大會，並代表中國朗讀發
　表作品：「麥堅利堡」（一九七九年）。

▲曾應韓國作家筆會會長邀請赴韓訪問（一九七六年）。

▲曾任國家文藝獎評審委員全國傑出詩人獎決審委員。

▲曾不少次擔任大專學生文藝營指導老師及全國性的巡廻講演。

▲應聘爲全國首屆戶外藝展顧問團副主席，並爲該展出寫宣言與主題詩（一九八四年）。

▲曾以詩配合何恒雄雕塑家的雕塑，碑刻入臺北新生公園（一九八二年），碑刻入臺北動物園（一九八八年），碑刻入彰化市區廣場（一九九二年）。

▲應邀同名雕塑家楊英風、光電科學家胡錦標博士、張榮森博士以及前文建會主委陳奇祿博士等，擔任中國雷射協會籌備委員。並曾與蓉子參加第一屆國際雷射藝術景觀展，以詩、音樂與雷射聯合演出（一九八一年）。

▲曾擔任私立國學院現代詩專題講座兩學期（一九八一～八二年）；東海大學文學院（與文建會）主辦文學研習會講座兩學期（一九八二年）。師大文學院文學研習班講座及指導一學期（一九八七年）。

▲曾接受香港大學黃德偉教授邀請赴港做三場演講。並在中大文藝班與余光中教授黃維樑教授主持現代詩座談。香港大學圖書館第一位設置「中國當代詩人羅門資料專櫃」（一九八四年）。

▲爲唯一以現代畫進入故宮且享譽國內外的名畫家林壽宇畫展畫冊寫序（一九八四年二月）；爲不少國內著名的現代畫家寫畫評；爲國內最前衛的「異度空間」展（一九八四年八月）與「超度空間」展（一九八五年五月）寫畫冊序言。

▲應邀參加國內名雕塑家楊英風、何恒雄教授以及尖端科學家原子能委員會副主委胡錦標博士張榮森博士等所舉辦的國內首屆

科藝展，並爲展出寫「光」的主題詩與感言，發表於商工日報
（一九八四年）。

▲應邀同女詩人蓉子赴菲中正學院與文藝界做三場現代詩的演講
（一九八八年）。

▲曾應邀同林耀德在大陸廣州、上海、北平、廈門、海南島等地
各著名大學、中國社會科學院、各大學中文系、中文研究所、
臺灣文學研究所、中國文聯、中國作協、中國現代文學館、中
國文論、詩刊編輯部等學術與文藝團體機構進行廿多場之演講
與座談。北京大學的演講海報並寫「歡迎臺灣詩壇大師──羅
門」（一九八八年）。

▲羅門著作《羅門詩選》與《整個世界停止呼吸在起跑線上》兩
書曾於一九八八年與一九八九年兩度列入中國青年寫作協會策
劃之第一屆與第二屆文學鑑賞研習營研習課程。

▲擔任由青協與中國時報文化出版公司主辦的「八十年代臺灣文
學研討會」主持人（一九九〇年九月廿九日）；擔任由青協與
行政院陸委會協辦的「兩岸文化、文學研討營」主講人（一九
九一年六月八日）；擔任青協與中國時報文化出版公司主辦的
「臺灣通俗文學研討會」主持人（一九九一年十月廿七日）擔
任青協主辦「當代女性研討會」主持人（一九九二年十二月廿
六日）。

▲盛況空前的國際藝術大師米羅作品大展，在臺灣舉行，應臺北
市立美術館邀請以「詩眼看米羅」爲題，做一場專題演講（一
九九一年十月十九日）。

▲羅門蓉子應「泰華文藝作家協會」於正式獲得泰國政府批准成
立的華人文藝團體成立大會之邀，專程飛往曼谷，在成立大會

上分別做專題演講。

▲曾同蓉子參加美IOWA大學國際作家寫作計劃（IWP），宣讀
　作品與發表論文，並應邀往水牛城紐約州立大學讀詩與談詩（
　一九九二年）。

▲羅門作品接受國內著名學者評論家評介文字近六十萬字，接受
　訪問十多萬字，一九九一年分別出版三本羅門的專論書，一是
　大陸海南大學周偉民與唐玲玲兩位教授夫婦合著的「日月的雙
　軌」（合論羅門與蓉子的詩與文），另一本是林耀德寫的「羅
　門論」以及「門羅天下──當代名家論羅門」（由海內外教授
　作家五十多篇論文所組成）。

▲一九九三年八月六日到十一日海南省海南大學舉辦「羅門蓉子
　文學世界」學術研討會，與會學者作家來自美國、臺灣、港澳、
　星馬與大陸各地等五十餘人，提出研究羅門蓉子創作世界論文
　近三十篇，是一次最具規模的海外個別作家學術研討會。

【附】曾應邀往臺大、師大、政治大學、中央大學、中山大學、淡江大
　　　學、輔仁大學、文化大學、臺北醫學院、清華大學、東海大學、
　　　中興大學、臺中醫學院、成功大學、大同工學院、海洋學院、中
　　　正理工學院、高雄醫學院、高雄師範學院、國立藝專、世界新專、
　　　臺北師專、臺北女師、實踐家專、苗栗聯合工專、明志工專、民
　　　權商專、新竹師專、屏東師專、新埔工專、市政專校、彰化教育
　　　學院……等國內卅餘所大學院校做詩的專題演講。

羅門著作

·詩　集

1.曙光（藍星詩社，一九五八年五月）。

2.第九日的底流（藍星詩社，一九六三年五月）。

3.死亡之塔（藍星詩社，一九六九年六月）。

4.日月集（英文版，與蓉子合著／美亞出版社，一九六九年六月）。

5.羅門自選集（黎明文化公司，一九七五年十二月）。

6.曠野（時報文化出版公司，一九八一年）。

7.羅門詩選（洪範書店，一九八四年）。

8.隱形的椅子（抽頁裝訂本，一九七六年）。

9.日月的行蹤（抽頁裝訂本，一九八四年）。

10.整個世界停止呼吸在起跑線上（光復書局，一九八八年四月）。

11.有一條永遠的路（尚書文化出版社，一九九〇年）。

12.太陽與月亮（大陸花城出版社，一九九二年）。

13.羅門詩選（大陸友誼出版社，一九九三年七月）。

14.誰能買下這條天地線（文史哲出版社，一九九三年十二月）。

·論文集

1.現代人的悲劇精神與現代詩人（藍星詩社，一九六四年）。

2.心靈訪問記（純文學出版社，一九六九年十一月）。

3.長期受著審判的人（環宇出版社，一九七四年二月）。

4.時空的回聲（德華出版社，一九八二年一月）。

5.詩眼看世界（師大畫苑出版社，一九八九年）。

·散　文

羅門散文精選（文史哲出版社，一九九三年十二月）。

獲獎部份：

1.一九五八年獲藍星詩獎與中國詩聯會詩獎。

2.一九六六年「麥堅利堡」詩獲菲總統金牌獎。

3. 一九六九年在馬尼拉舉辦的第一屆世界詩人大會上，與蓉子獲大會「第一文學伉儷」獎，頒發菲總統大綬勳章。

4. 一九七〇年獲美國奧克空荷馬州州長頒發榮譽公民狀。

5. 一九七二年獲巴西哲學院頒發榮譽學位。

6. 一九七六年，在美國舉辦的第三屆世界詩人大會上，與蓉子獲特別獎，並接受大會加冕，以及美國之音記者之專訪。

7. 一九七八年獲中華文化復興委員會「鼓吹中興」榮譽獎。

8. 一九八七年詩人節獲教育部頒發「詩教獎」。

9. 一九八八年「整個世界停止呼吸在起跑線上」獲得中國時報文學獎（新詩推薦獎）。

10. 一九九一年獲中山文藝獎。

11. 一九九二年獲美國愛荷華大學IWP組織頒贈榮譽研究員。

名列名人錄：

中文版名人錄

一九九一年名列「中華民國現代名人錄（中國名人傳記中心出版）」。

一九九二年名列「大美百科全書（光復出版社出版）」。

一九九三年名列「世界華人文化名人傳略（香港中華文化出版社）」。

英文版名人錄

1. 世界詩人辭典International Who's Who in Poetry（倫敦劍橋國際傳記中心選編，一九七〇年）。

2. 中國名人錄（英文版新聞局委託漢光出版社出版的一九八六、一九八七、一九八八年中華民國年鑑）。

3. 「亞洲名人錄」（Asia's Who's Who of Men & Women of Achievement & Distinction 1990）印度傳記中心出版。

4. 世界名人傳記（Biographical Historiette of Men & Women of Achievement & Distinction 1990）印度傳記中心出版。

作品選入中文選集

1. 中國詩選（大業書店，一九五七年）。
2. 中國當代名作家選集（文光圖書公司，一九五九年）。
3. 十年詩選（明華書局，一九六〇）。
4. 七十年代詩選（大業書店，一九六七年）。
5. 中國現代詩論選（大業書店，一九六九年）。
6. 中國新詩選（長歌出版社，一九七〇年）。
7. 中國現代文學大系（巨人出版社，一九七二年）。
8. 中國現代散文選集（文藝出版社，一九七三年）。
9. 八十年代詩選（濂美出版社，一九七六年）。
10. 廿世紀中國現代詩大展（大昇書庫，一九七六年）。
11. 中國現代文學年選（巨人出版社，一九七六年）。
12. 當代詩人情詩選（濂美出版社，一九七七年）。
13. 中國當代十大詩人選集（源成出版社，一九七六年）。
14. 文藝選粹（幼獅文化事業公司，一九七七年）。
15. 中國現代文學的回顧（龍用出版社，一九七八年）。
16. 當代情詩選（濂美出版社，一九七九年）。
17 現代名詩品賞集（聯亞出版社，一九七九年）。
18. 小詩三百首（爾雅出版社，一九七九年）。
19. 當代中國文學大系（天視出版公司，一九八〇年）。
20. 中國當代新詩大展（德華出版社，一九八一年）。
21. 情詩一百首選集（爾雅出版社，一九八二年）。

22.現代詩入門選集（爾雅出版社，一九八二年）。

23.中國新詩選（長安出版社，一九八二年）。

24.中國當代散文大展（德華出版社，一九八二年）。

25.中國現代文學選集（爾雅出版社，一九八二年）。

26.七十一年詩選（爾雅出版社，一九八三年）。

27.七十二年詩選（爾雅出版社，一九八四年）。

28.一九八三臺灣詩選（前衛出版社，一九八四年）。

29.七十三年詩選（爾雅出版社，一九八五年）。

30.七十四年詩選（爾雅出版社，一九八六年）。

31.一九八五年臺灣詩選（前衛出版社，一九八六年）。

32.七十五年詩選（爾雅出版社，一九八七年）。

33.中國現代海洋詩選（號角出版社，一九八七年）。

34.七十六年詩選（爾雅出版社，一九八八年）。

35.七十七年詩選（爾雅出版社，一九八九年）。

36.七十八年詩選（爾雅出版社，一九九〇年）。

37.臺灣詩人十二家（重慶出版社，一九八三年）。

38.臺灣詩選（人民文學出版社，一九八二年）。

39.臺灣創世紀詩萃（浙江文藝出版社，一九八八年）。

40.臺灣現代詩四十家（人民文學出版社，一九八九年）。

41.當代臺灣詩萃（湖南文學出版社，一九八九年）。

42.臺灣新詩發展史（人民文學出版社，一九八九年）。

43.臺灣現代詩選（瀋陽春風出版社，一九八七年）。

44.中國新詩鑒賞大辭典（江蘇文藝出版社，一九八八年）。

45.臺灣百家詩選（江蘇文藝出版社，一九九〇年）。

46.臺灣現代詩賞析（河南人民出版社，一九九一年）。

47.七十九年詩選（爾雅出版社，一九九一年）。

48.臺灣創世紀詩萃（浙江文藝出版社，一九八八年）。

49.淘金者的河流（百家出版社，一九八九年）。

50.臺灣朦朧詩賞析（花城出版社，一九八九年）。

51.海南瓊人詩選（大陸三環出版社）。

52.太陽月亮羅門蓉子詩精選（花城出版社，一九九二年）。

53.八〇年詩選（爾雅出版社，一九九二年）。

54.八一年詩選（爾雅出版社，一九九三年）。

作品選入外文選集

英文版：

1.中國新詩選集New Chinese Poetry（余光中教授編譯，一九六〇年）。

2.中國現代詩選集Modern Chinese Poetry（葉維廉博士編譯，一九七〇年）。

3.臺灣現代詩選集Modern Verse from Taiwan（榮之穎編譯，一九七一年）。

4.當代中國文學選集An Anthology of Contemporary Chinese Poetry（國立編譯館編譯，一九七五年）。

5.亞洲新聲Voices of Modern Asia（美國圖書公司出版，一九七一年）。

6.世界詩選World Anthology（美國Delora Memorial Fund基金會出版，一九八〇年）。

7.當代中國詩人評論集Essays on Comtemporary Chinese Poetry（林明暉博士Dr. Julia C. Lin著，一九八五年）。

8. 臺灣現代詩選Modern Chiness Poetry from Taiwan（張錯博士編譯，一九八七年）。

9. 一九九〇世界詩選（World Poetry 1990）Editor：Dr. Krishna Srinivas India.

10. 中國現代詩選（Anthology of Modern Chinese Poetry.奚松博士編譯，一九九二年）。

法文版：

1. 中國當代新詩選集La Ktesie Chinoise（胡品清教授編譯，一九六三年）。

日文版：

1. 華麗島詩選集（日本若樹書房編選，一九七一年）。

2. 臺灣詩選（世界現代詩文庫土曜美術社出版，一九八六年）。

韓文版：

1. 廿世紀世界詩選（韓籍李昌培博士編譯，一九七二年）。

2. 世界文學選集——中國詩部分（韓籍許世旭博士等編譯，一九七二年）。

3. 中國現代文學史（韓籍尹永春博士編譯，一九七四年）。

4. 中國現代代表詩人五人選（湖西文學特輯，韓國湖西文學會編選，一九八七年）。

文　學　叢　刊

08036	日月的雙軌	周偉民．唐玲玲著	⑧平一	300.00
08037	門羅天下—當代名家論羅門	蔡源煌等著	⑧平一	300.00
08038	現代詩縱橫觀	蕭　蕭著	⑧平一	300.00
08039	大陸文學之旅	墨　人著	⑧平一	350.00
08040	生命的風景—人物專訪	張堂錡著	⑧平一	150.00
08041	民族文學的良心:高準作品評論選	詩潮社編輯	⑧平一	320.00
08042	唯愛	王祿松著	⑧平一	520.00
08401	唯愛		⑧精一	600.00

文 史 哲 新 潮 文 庫

08702	追求極限	呂大朋著	82平一	160.00

文 史 哲 詩 叢

08801	花之戀(雁翼情詩集)	雁　翼著	⑧平一	140.00
08802	昨夜不是夢	藍海文著	⑧平一	140.00
08803	心影集	汪洋萍著	⑧平一	140.00
08804	心靈上的陽光	藍善仁著	⑧平一	140.00
08805	青溪涓涓流過	藍善仁著	⑧平一	200.00
08806	春之海	上官予著	⑧平一	240.00
08807	葡萄園30周年詩選	文曉村編	⑧平一	380.00
08808	心聲集	汪洋萍著	⑧平一	140.00